基于数据全生命周期的
数据合规风险评估研究

JIYU SHUJU QUANSHENGMING ZHOUQI DE
SHUJU HEGUI FENGXIAN PINGGU YANJIU

吴至复　庆海涛　戴铁潮 等 ◎ 著

经济管理出版社
ECONOMY & MANAGEMENT PUBLISHING HOUSE

图书在版编目（CIP）数据

基于数据全生命周期的数据合规风险评估研究/吴至复等著.—北京：经济管理出版社，2024.3

ISBN 978-7-5096-9654-5

Ⅰ.①基…　Ⅱ.①吴…　Ⅲ.①数据管理—科学技术管理法规—风险评价—研究—中国　Ⅳ.①D922.174

中国国家版本馆 CIP 数据核字（2024）第 064715 号

组稿编辑：张馨予
责任编辑：张馨予
责任印制：许　艳
责任校对：蔡晓臻

出版发行：经济管理出版社
　　　　　（北京市海淀区北蜂窝 8 号中雅大厦 A 座 11 层　100038）
网　　址：www.E-mp.com.cn
电　　话：（010）51915602
印　　刷：北京晨旭印刷厂
经　　销：新华书店
开　　本：720mm×1000mm/16
印　　张：11.25
字　　数：167 千字
版　　次：2024 年 5 月第 1 版　2024 年 5 月第 1 次印刷
书　　号：ISBN 978-7-5096-9654-5
定　　价：98.00 元

主要作者

吴至复　庆海涛　戴铁潮　黄建平

张旭东　张建松　石　佳　王仲锋

目　录

第一章　引言

2021 年 10 月 17 日，国务院国资委印发《关于进一步深化法治央企建设的意见》，明确提出要着力健全合规管理体系，要求将合规要求嵌入岗位职责和业务流程、抓好重点领域合规管理等措施，有效防范、及时处置合规风险及隐患。推动合规要求向各级子公司延伸，加大基层单位特别是涉外机构的合规管理力度，到 2025 年中央企业基本建立全面覆盖、有效运行的合规管理体系。2022 年 8 月 23 日，国务院国资委公布《中央企业合规管理办法》（以下简称《办法》），推动了中央企业加强合规管理，切实防控风险，有力保障深化改革与高质量发展。该《办法》指导中央企业建立健全合规管理体系，也将中央企业合规管理推向更高水平。该《办法》结合当前中央企业面临的内外部经营环境挑战及在新发展阶段中央企业的使命和战略定位，对中央企业强化合规管理提出了新要求与新目标。同时立足于强化合规管理的新要求与新目标，加快建立有效合规管理体系，提升合规管理能力，实现依法合规经营。其中，第十八条指出，将数据保护作为央企合规管理的重点领域。随着《中华人民共和国网络安全法》（以下简称《网络安全法》）、《中华人民共和国数据安全法》（以下简称《数据安全法》）、《中华人民共和国个人信息保护法》（以下简称《个人信息保护法》）等法律相继颁布实施，数据安全合规管理已上升到事关国家安全、经济安全、社会稳定和人民群众切实合法权益的高度。

党的二十大报告指出，要以新安全格局保障新发展格局，加快建设网络强国、数字中国，加强个人信息保护，加快发展数字经济，促进数字经济和实体经济深度融合。2022 年 12 月，中共中央、国务院发布《关于构建数据基础制度更好发挥数据要素作用的意见》（以下简称《意见》），要求深入贯彻党的二十大精神，贯彻总体国家安全观，加快构建新发展格局。该《意见》以维护国家数据安全、保护个人信息和商业秘密为前提，守住数据要素流通交易的红线和底线，以打造安全可信的数据要素市场环境作为市场培育的优先任务，为国家安全体系和治理能力现代化提供有力支撑。2023 年 2 月，中共中央、国务院印发《数字中国建设整体布局规划》，强调数据资源和数据要素的价值释放的重要性，也明确数字安全屏障是强化数字中国的"两大能力"之一，指出要增强数据安全保障能力，建立数据分类分级保护基础制度，数据安全已成为信息安全的基础性问题。本书对 X 电力企业数据安全合规发展现状进行调查研究，探究电力企业数据合规纵深发展路径。从电力企业内部要求来看，作为骨干型中央企业，X 电力企业加强数据合规管理是深入贯彻党的二十大精神、落实"两办"意见和国家数据发展战略、主动担当中央企业责任，以及推进数字化转型的必然要求。随着企业数字化转型加速推进，数据对外开放程度日益加深，各类数据应用创新层出不穷，亟须开展数据合规管理建设，为企业数字化转型保驾护航，保障企业各类数据业务健康快速发展。X 电力企业数据合规管理 2021 年工作实施计划提出，深化数据合规风险库建立，开展数据合规风险识别和评估，加强数据合规审查审核的阶段要求，提出服务公司发展战略，聚焦数据全生命周期的合规管理，明确重点领域、重点环节合规要求，强化合规风险管控的建设要求。X 电力企业通过发布《数据合规风险评估场景和评估内容清单》，基于《数据合规风险库》开展数据合规风险识别与评估，全面系统排查企业内数据合规风险，明确企业数据合规风险点，构建数据合规风险评估体系，支撑针对性的数据合规管理措施的执行，防范化解数据合规风险。

第一节 研究背景与意义

一、研究背景

从国际上看，在数字经济时代，为规范大数据应用，确保数据和隐私安全，创设数据权利，建立数据利益权属配置机制，世界各国和地区都在持续不断地开展立法探索实践。日本颁布《个人信息保护法》、欧盟发布《通用数据保护条例》、美国加州颁布《2020年加州隐私权法》，以加强公民的权利，收紧对个人信息使用的商业法规。

从国内来看，中国则是在总体国家安全观的理论指导下，兼顾国家安全、企业信息安全与公民隐私保护，统筹推进国内数据规制立法。《中华人民共和国民法典》（以下简称《民法典》）、《中华人民共和国刑法》（以下简称《刑法》）等基础法律规则体系也对数据保护、个人信息报告等关联议题做出了立法回应。《网络安全法》《数据安全法》《个人信息保护法》已正式施行，我国数据安全法律体系进一步完善，政策法规从"立"向"行"演进。数据安全和个人信息保护被提升到前所未有的高度。

国内各地方政府也正大力推进数据保护相关的地方性法规研究制定工作，上海、浙江、广东、江苏、贵州等地走在前列，已出台地方性数据基本条例和相关规范。例如，广州市国资委印发《广州市国资委监管企业数据安全合规管理指南（试行2021年版）》，上海市杨浦区检察院联合市信息服务业行业协会、市数据合规与安全产业发展专家工作组、区工商业联合会，制定发布《企业数据合规指引》等。可见，伴随数据规制立法工作的快速推进，各行业数字化转型大潮已然助推数据合规成为企业专项合规管理探索实践的重点领域。尤其对新形势下中国特色社会主义市场经济而言，数据合规成为维护产业平稳健康发展、保障公司商业利益和正常运营的重要基础。

从企业要求上来看，2020 年 12 月 X 电力企业颁布的《关于加强数据合规管理的指导意见》指出，要加强数据合规管理体系建设，构建从企业总部到各级单位协调一致、符合实际的合规管理架构，包括组织管理、制度建设、工作机制和合规文化，并强调要把数字化工作放到更加突出、更加重要的位置，同时要在安全合规上下功夫，守牢稳的底线。随着 X 电力企业数字化转型加速推进，企业的数字化水平得到大幅提升，已建成了汇聚跨部门、跨业务数据的数据中台。数据中台连接上游电能生产商、电力设备供应商和下游电能消费者，业务数据覆盖电力运行、企业运营和客户服务等领域，蕴含着巨大的数据开发利用价值，同时也肩负着巨大的数据保护责任。对电力企业而言，加强数据合规管理，构建基于数据全生命周期的数据合规风险评估体系势在必行。

二、研究意义

（一）理论意义

从目前文献综述来看，国内数据合规理论与实践研究主要集中于三个领域：一是基于个人信息保护的互联网平台数据合规研究；二是从数据要素权益配置机制出发的数据交易、跨境流动合规性研究；三是基于数据全生命周期的数据安全风险研究。

这些研究和正在进行的实践反映出，构建数据评估体系的趋势已经形成，其研究及实践也取得了一定的进展。但总体上看，一般性论述的研究较多，研究深度亟待加强，正在进行的数据合规评价体系实践还有待检验。采用具体研究方法、路径来探讨构建数据合规评价体系的文献资料较少。同时以数据全生命周期为客体，包括体系建设、指标设置、评估优化在内的电力数据合规全生态研究目前还处于空白状态。鉴于此，本书从研究方法和路径入手，探讨数据合规风险评估体系，为加快构建企业数据合规风险评价体系提供有价值的参考。

一是针对 X 电力企业具体业务特点，构建基于数据全生命周期的电力数据合规风险库，以拓宽电力行业数据合规研究，丰富数据合规理论体系。二是基于全评价理论，从评价的目的、评价的主体、评价的客体、评价的标准和指标、评价的方法与评价的制度六个方面，构建数据全生命周期的电力数据合规评价体系，为量化的电力数据合规评价模型奠定基础，推进了数据合规评价理论体系的形成。三是基于电力数据合规风险库，运用风险矩阵法分析单因素风险，并以 AHP-熵值法为例对相关风险指标进行组合赋权，构建电力数据合规风险评价模型，并围绕 X 电力企业开展电力数据合规风险评估实证研究，研究结果证明了评估模型的科学性和有效性，为电力行业数据合规风险评价体系研究提供了方向和思路，对进一步深化相关领域的研究起到了促进和丰富的作用。

（二）实践意义

近年来，国家、企业、个人对数据保护的重视与日俱增。对电力企业而言，加强数据合规管理，是落实国家数据发展战略、担当国有企业责任和推进数字化转型的必然要求。

1. 数据合规管理是大型国有企业落实国家数据发展战略的使命担当

党的十九届四中全会提出，要建立健全运用互联网、大数据、人工智能等技术手段进行行政管理的制度规则。推进数字政府建设，加强数据有序共享，依法保护个人信息。2020 年 3 月，中共中央、国务院印发《关于构建更加完善的要素市场化配置体制机制的意见》，明确数据成为五大生产要素之一，已成为国家基础性战略资源，数据安全已引起国家和社会的高度关注，可以说没有数据安全就没有国家安全。电力数据是企业数据，在提供公共服务过程中收集、产生的数据也是公共数据，更是关系国家安全的核心关键数据。电力企业作为关系国家能源安全和国民经济命脉的大型国有企业，拥有电力全产业链的大数据资源，保障数据安全和安全合规流通，是电力企业应当承担的政治、经济、社会责任，应全面学习贯彻习近平总书记关于数字经济与网络强国重要思想，认真落实国家大数据战略，在总体国家安全观的指引下，在个人信息保护、数据产权交易等领域率先垂范，强化法治观念，认真落实组织、管理和技术措施，坚决履行中央企业的担当和责任。

2. 数据合规管理是电力企业实现数字化转型的必然要求

数字原生企业在设立之初就以数字世界为中心来构建，生成了以软件和数据平台为核心的数字世界入口，便捷地采集和存储大量数据。而非数字原生企业基本都是以物理世界为中心来构建的，围绕生产、流通、服务等具体经济活动展开。面对数字经济时代下通过数据和网络高效率、低成本运营的数字原生企业，传统企业的竞争力有所下降。企业数字化转型就是要结构化解决传统企业两个核心问题：成本和效率。但是在转型过程中，数据网络的开放、共享特性与基础能源、工业企业生产数据的保密性和孤立性必然会发生冲突。数据合规管理的价值目标是指导、协调、控制数据活动合乎规范地开展，其中最重要的就是协调传统生产规范与现代数据管理之间的矛盾。企业数字化转型，必然要求企业开展数据合规管理。

随着电力企业数字化转型加速推进，数字技术与实体电网深度融合，数据对外开放程度日益加深，各类数据应用创新层出不穷。同时，数据合规要求亟待全面解读，专业部门、基层单位担心发生违规事件，创新步伐踌躇不前。为此，建立科学完善的合规管理机制，为企业数字化转型保驾护航，保障公司各类数据业务健康快速发展已成为当务之急。

3. 数据合规管理是数字经济背景下电力企业维护企业运营稳定的重要基石

在数字经济时代下，数据科学利用逐渐走向常态化、多元化，数据通过共享、交易等方式显现价值，也会引发数据保护、合规使用等系列问题，因此，数据安全合规使用是企业数字化转型中极为重要的一个方面，对于企业的长期发展和稳定经营至关重要，需要切实保护电力数据安全，维护电力数据要素对应的数据权利和数据主权。电力企业属于信息密集型企业，电力供应的每一个环节实时动态产生了大量的数据，强化数据合规管理是信息密集型企业合规工作的重中之重，做好数据合规工作，建立科学有效的数据合规体系，不仅可以有效降低电力企业数据安全事件的发生风险，还能提高运营管理效率，增加企业效益与利润，最终促进企业可持续、稳定、健康发展。

4. 数据合规管理是实现电力数据作为生产要素保值增值的先决条件

电力企业在提供公共服务过程中收集、产生的数据属于公共数据，具有极大的数据二次开发价值，同样属于电力企业的重要资产。要想实现数据作为生产要素和资产的价值，就必须保证数据的质量和来源合法性。在现有数据要素权益分配机制下，同样遵循权利与义务对等原则，要实现数据价值，就必须履行数据安全合规的义务，否则数据价值就无从谈起。因此数据合规管理是电力数据作为公共数据，实现开放、共享，发挥电力生产要素价值的先决条件。构建基于数据全生命周期的电力数据合规风险评估体系，有助于及时科学评价电力数据合规体系的有效性，切实保障电力数据全生命周期的合规性。作为电力数据管理的基础活动之一，合规管理将在合规性维度保障数据质量，让电力数据资产管理在法治轨道行稳致远，实现电力数据资产的保值增值。

（三）推广前景

本书以 X 电力企业为立足点，对国内外具有前瞻性和示范性的案例予以借鉴吸收，并做适当的拓展研究。一是研究成果不仅能应用于该电力企业各单位，同时对全国范围内的电力企业具有示范作用和参考价值。二是研究成果作为在数治时代电力企业各项业务开展的重要参考，以及法律风险防控措施的主要依据，在实际操作中也可作为应对具体法律问题的实务指南。三是研究成果可根据个人信息保护、公共数据共享与使用、关键信息基础设施保护三条数据合规路径，开发对应的数据合规信息化系统模块，为进一步数据赋能打下坚实基础，围绕"一核心四提升"实现全方位的数智化管理协同，即以构建数据合规中台为核心，从提升业务、数据、应用、安全能力四个维度达到支撑数字化、智能化决策的目标。

第二节　研究方法和思路

一、研究方法

为实现研究目标，本书以全评价理论、DAMA 数据管理框架（见图 1-1）为基础理论框架，以理论研究和实证研究相结合合作为研究思路。首先，以 ISO 37301：2021《合规管理体系　要求及使用指南》、《中央企业合规管理办法》、《风险管理——原则与实施指南》以及电力企业《关于加强数据合规管理的指导意见》等为指导，确定基于数据全生命周期的电力数据合规风险评估体系一级和二级指标。其次，根据二级指标理论框架，采用专家访谈、尽职调查和问卷调查相结合方法确定若干二级指标库。最后，采用多种统计方法相结合的综合分析方法选定二级指标，同时，对数据合规风险评估各指标赋权重，形成量化的数据合规风险评估体系，本书采用的研究方法列举如下：

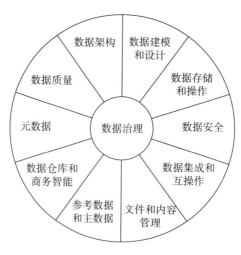

图 1-1　DAMA 数据管理框架

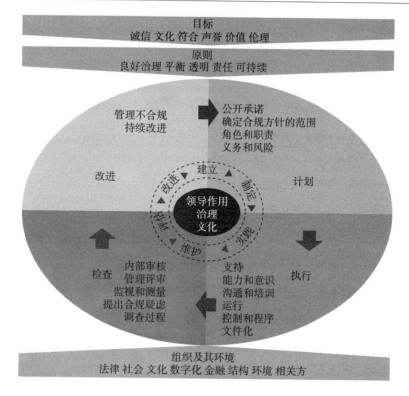

图 1-2 ISO 37301 合规管理体系

（一）文献分析法

基于数据全生命周期的数据合规评价研究的具体目标，检索国内外相关的文献，分析国内外数据合规的研究现状及存在的问题，在现有研究的基础上，提出基于数据全生命周期的数据合规评价理论体系，作为实证研究的依据。

（二）专家访谈法

专家访谈法具有信息量大且有深度和广度的优势，本书主要以当面访谈、网络访谈及小组讨论的形式，向数据专家、企业合规专家、电力企业相关专业人员了解行业特点和工作流程，收集和确定合规义务和合规风险点，根据数据专家和相关人员的意见确定数据合规风险库。最后将文献调研及专家访谈所收集的合规义务和合规风险点录入合规风险库。

（三）比较研究法

比较研究法是指对同类事物进行对比，分析其异同，进而判断其优劣的研究方法。该方法实质上是对事物的某些特征或属性进行剖析、对比，找出差距，做出评价。笔者曾对胜任力定性评价与定量评价进行对比分析，来说明两种评价方法的联系与区别①，这对推导出数据合规评价体系的结论起到了重要作用，同时也可对有相同属性的各种评价事件（如合规有效性评价），进行对比分析。

（四）抽象思维法

抽象思维法是指运用概念、判断、推理等方式，在感性认识基础上透过现象抽取研究对象本质的理性思维法，即在国内外众多评价实践的基础上，对丰富的感性材料进行"去粗取精、去伪存真、由此及彼、由表及里"的抽象概括，形成概念、判断、原理和推理的过程。

（五）统计分析法

统计分析法主要根据调查统计情况，选用德尔菲法、因素分析法、层次分析法、人工神经网络法相结合的综合统计分析方法。采取自上而下和自下而上相结合的形式，提出基于数据全生命周期的数据合规风险评估体系一级和二级指标，进一步基于文献调研、专家访谈和统计分析等形成数据合规风险评估二级指标。首先，对国内外数据合规文献、电力企业相关文件进行分析研究，结合对数据专家、企业合规专家、法律专家、电力行业相关专业人员的深度访谈，自上而下，提出一级和二级指标框架下的合规管理体系指标，形成数据全生命周期的合规风险评估三级指标初选指标库。其次，根据风险指标库设计调查问卷，进行预调查。经过统计分析，确立本书所需的各项指标，形成电力数据合规风险评估指标的正式问卷。最后，根据调查结果形成一级、二级指标的量化数据合规风险评价体系和制度规范。

---

① 庆海涛、陈媛媛，关琳，等．智库专家胜任力模型构建［J］．图书馆论坛，2016，36（5）：34-39.

（六）信息分析法

信息分析法是指从信息的角度，而不仅是从物质、能源的角度研究问题，包括信息系统分析方法、信息系统综合方法和信息系统进化方法，三者"分合有机互动"。此法来自钟义信教授的"全信息、全知识理论"，该理论提出信息有三个维度，即语法信息、语义信息和语用信息，分别对应信息的形式、内容和效用。评价的客体即评价对象，如学术成果、机构或个人，都可以看成一个信息体，也可以从形式、内容和效用三个维度构建评价指标体系或评价体系的通用框架①。

二、研究思路

本书的研究框架如图1-3所示。

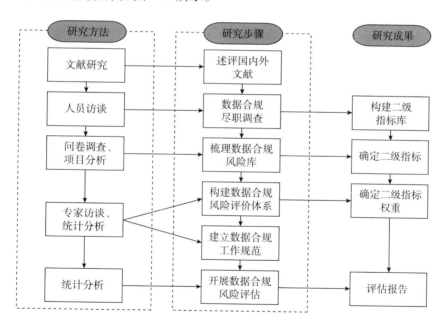

图1-3　本书的研究框架

---

① 叶继元．人文社会科学评价体系探讨［J］.南京大学学报（哲学·人文科学·社会科学版），2010，47（1）：97-110+160.

第三节 研究创新和步骤

一、研究创新

分析本书内容和相关研究述评，创新点如下：

第一，将哲学社会科学评价前沿理论研究成果——全评价理论体系，引入数据合规评价领域，构建基于数据全生命周期的电力数据合规风险评估体系。

第二，实现智能化数据合规信息管理系统。可根据定量化的电力数据合规风险评估体系，引入信息系统和大数据分析技术，实现数据合规智能信息管理系统。

第三，研究方法的创新。采用德尔菲法、问卷调查、熵值法、Borda 序值法及模糊分析法等定性与定量相结合的研究方法。

二、研究步骤

本书按照文献及经验总结、开展数据合规尽职调查、梳理数据合规风险库、构建数据合规风险评估体系、建立数据合规管理工作规范、电力数据合规风险评估、完成数据合规结论性意见七个具体步骤开展研究，层层递进，具体如下：

（一）文献及经验总结

广泛检索分析国内外电力数据、数据保护、数据合规相关法律法规、政策指引、执法典型案例和学术文献研究成果，调研相关行业数据合规管理的先进经验，梳理全国电力行业数据合规方案，为 X 电力企业数据合规风险评估体系框架设计提供参考。

（二）开展数据合规尽职调查

深入 X 电力企业开展材料研究、人员访谈、穿行测试和问卷调查，以充分了解该电力企业数据管理现状。一是了解电力业务情况。二是调研业务经营中的数据处理活动和数据合规管理情况。三是梳理现阶段电力数据合规管理存在的问题，结合内、外部数据合规管理法律法规及政策要求，识别出存在或潜在的数据合规问题和风险。四是核查该企业与数据合规相关的争议、诉讼、仲裁或行政处罚情况。五是调研电力企业《关于加强数据合规管理的指导意见》强调的重点领域、重点环节和重点内容。数据合规尽职调查清单指引如表 1-1 所示，实际开展时根据企业情况适当调整。

表 1-1　数据合规尽职调查清单指引

类别	具体内容
一、公司业务情况	①公司基本业务情况说明 ②公司工商内档 ③公司组织架构及各部门岗位职责 ④数据安全管理的组织架构及职责描述 ⑤公司股权穿透组织架构图（含分支机构）
二、公司数据管理现有制度	①数据安全相关管理制度 ②数据分类分级制度 ③数据主体权利保护制度 ④数据和网络安全事件应对制度 ⑤个人信息安全影响评估制度 ⑥数据出境管理制度 ⑦网络信息系统运行维护管理制度 ⑧网络信息系统运行操作权限管理制度 ⑨网络安全与信息保护管理制度 ⑩网络安全等级设定及保护管理制度 ⑪供应商/合作伙伴网络安全和数据保护评估审查制度 ⑫数据和信息安全负责人/机构管理制度 ⑬信息安全运行操作手册
三、数据收集	①知情同意书 ②公司隐私协议/政策

续表

类别	具体内容
四、数据存储使用及分享	①数据交易协议：数据分享、出售协议 ②网络存储协议：若公司相关数据库、数据信息储存在云平台上，请提供相应于云平台的相关协议 ③数据处理协议：若公司存在委托第三方对数据进行处理的情况，请提供协议 ④数据运行基础设施采购协议 ⑤IT 应用系统清单 ⑥IT 基础设施清单 ⑦数据存储服务器的地理位置

（三）梳理数据合规风险库

首先，根据该电力企业《数据合规风险库》《数据合规风险评估项及评估要点》等文件要求，结合对该电力企业合规尽职调查实际，确定企业数据合规风险评估场景和评估内容清单，拟覆盖数据采集、传输、存储、处理、交换、销毁六个环节以及通用数据合规要求。其次，围绕数据合规风险识别场景、数据合规风险识别要点，形成全生命周期数据合规风险识别清单（见表1-2）及通用数据合规风险清单。最后，根据风险识别清单，形成符合电力行业的数据合规风险指标库，如表1-3所示。

（四）构建数据合规风险评估体系

一是以国际标准 ISO 37301：2021《合规管理体系 要求使用指南》、《中央企业合规管理办法》、《风险管理——原则与实施指南》以及电力企业《关于加强数据合规管理的指导意见》为指导，以国内相关法律法规及规范性文件如《民法典》《网络安全法》《数据安全法》《个人信息保护法》《信息安全技术 个人信息安全规范》《关于加强电力行业网络安全工作的指导意见》，以及电力企业《公司数据共享负面清单管理细则》等为合规义务源，采用专家访谈、现场调研等方法，梳理合规义务库，同时根据合规尽职调查评估结果，形成电力数据合规风险库。二是采用现场访谈、问卷调查的方式，根据样本情况，选用德尔菲法、层次分析法、熵值法、因素分析法或人工神经网络评价法结合组合赋权法，构建电力数据合规风险评估体系。三是运用全评价理论，构建电力数据合规全评价体系。

表1-2　全生命周期数据合规风险识别清单

业务信息区：
反映本部门的主要业务活动

数据信息区：
反映各个业务中数据流转状态以及所处全生命周期的阶段

风险信息区：
反映本业务活动中因违反合规要求而产生的风险，风险可能造成的法律责任或不利后果，以及经过评估后确定的风险等级

管理信息区：
反映对于合规风险具有管理责任或配合管理责任的部门，以及风险控制措施

业务信息区	数据信息区				风险信息区								管理信息区			
业务模块	数据类型	生命周期	数据形式	数据载体	合规风险名称	风险行为描述	责任或后果	合规义务	法律依据	发生可能性	后果严重程度	风险等级	现有风险控制措施	合规提升措施	责任主体	
															归口部门	配合部门

表 1-3　电力行业数据合规风险指标库

一级指标	二级指标
数据采集	10 个指标
数据传输	5 个指标
数据存储	16 个指标
数据处理	15 个指标
数据交换	31 个指标
数据销毁	8 个指标
通用数据合规要求	29 个指标

（五）建立数据合规管理工作规范

根据相关法律法规、行业指导意见、前期调研及研究成果，围绕数据的全生命周期，梳理构建在数据工作的不同场景下数据合规治理的部分治理规范与方案，如表 1-4 所示，实际根据企业情况作适当调整。

表 1-4　数据全生命周期下不同业务场景的治理规范集

业务场景	数据管理规范	业务场景	数据管理规范
信息架构	《信息架构原则》 《数据分类框架》 《数据源认证规范》 《业务对象识别原则》 《业务数据标准设计规范》 《数据资产编码规范》 《逻辑数据实体设计规范》 《数据 Owner 管理规范》	元数据管理	《元数据设计规范》 《元数据注册规范》 《元数据注册方法操作指导书》 《元数据采集操作指导书》 《数据资产编码规范》
数据底座与共享	《数据底座整体架构》 《公司数据湖建设规范》 《多维模型设计规范》 《数据底座运营管理机制》 《数据共享与安全管理规定》 《数据授权申请操作指导书》	数据服务	《数据服务管理流程》 《数据服务设计规范》 《数据服务运营规范》

续表

业务场景	数据管理规范	业务场景	数据管理规范
报告数据	《指标数据管理规范》 《指标拆解操作指导》 《指标数据自助实施操作指导》 《报告数据解码》	自助分析	《自助分析平台整体架构》 《自助分析用户行为规范》 《自助分析平台租户管理规范》 《知识图谱设计规范》 《知识图谱建设指导书》 《自助分析工具使用规范》 《数据实验室用户行为规范》
业务感知	《数字孪生（DTO）指导》 《业务数字化评估方案》 《数据感知方法指导》 《规则数据管理规范》 《过程数据管理规范》 《外部数据管理规范》	面向自助场景的实时数据服务	《指标数据管理规范》 《标签资产注册规范》 《图模型资产注册规范》 《算法数据资产注册规范》 《多维模型数据资产管理规范》 《数据自助入湖方案》 《非结构化数据入湖操作指导》
数据隐私与安全	《申请数据授权操作指导书》 《数据底座高防区管理规范》 《数据底座共享与安全管理规定》 《数据底座的隐私保护规定》 《构建数据隐私与安全能力总体方案》 《高密高敏感资产管理方案包》 《底座隐私数据识别、分类方案包》 《一站式权限配置方案包》		

（六）电力数据合规风险评估

以构建的电力数据合规风险评估体系为基础，对 X 电力企业现阶段数据合规管理进行量化评估，明确公司数据合规风险点和风险程度，从而支撑针对性的数据合规管理措施的执行，提升公司数据合规风险管控水平，最终形成《数据合规风险评估报告》，如表 1-5 所示。

（七）完成数据合规结论性意见

一是根据梳理的合规风险库、构建的合规评价指标体系形成数据合规研究报告；二是根据针对 X 电力企业的评估结果形成数据合规评估报告。

表1-5　数据合规风险评估报告底稿

第一部分　背景、工作情况及总体结论

一、背景、工作情况

自××××年××月××日至截止日，我们对公司数据合规风险情况进行了核查评估，我们的工作方式是：

　　1. 访谈：……

　　2. 书面审阅：……

　　3. 穿行测试：……

　　4. 量化评估：……

二、总体结论

第二部分　摘要表：公司数据合规风险及处置建议

序号	合规风险	合规义务	处置建议

第三部分　详述：公司数据业务活动中合规风险、原因分析及处置建议

第四部分　详述：公司数据合规管理提升建议

　　综上，首先，进行文献综述和行业调研，综述国内外数据治理、数据合规法律法规及政策；其次，以数据合规体系配置的权责为依据，结合数据合规风险事件经验，形成合规风险库；再次，构建基于数据全生命周期的数据合规风险评估体系，提出符合企业实际情况的电力数据合规评价体系和电力数据合规管理工作规范，形成研究报告；最后，以此为指标体系，对 X 电力企业开展合规风险评估，形成 X 电力企业数据合规评估报告。

第二章　核心概念与理论基础

针对引言中提出的研究问题及研究内容，本章主要对相关支持理论进行梳理和评论。具体对全评价理论、DAMA 数据管理知识体系、风险社会及成本收益理论、数据安全能力成熟度模型以及现有文献进行分析和述评。通过对现有理论和文献的梳理，为电力数据合规评价指标理论体系的提出和研究假设奠定基础。

第一节　全评价体系

数据合规评价隶属于哲学社会科学评价范畴。全评价体系（或全评价理论，或分析框架，简称全评价；Academic Full Evaluation System，AFES）由南京大学信息管理学院叶继元教授与课题组于 2010 年提出[①]。该体系分析了国内当时存在的各种评价问题的原因，在充分吸收国内外学术评价理论和实践成果的基础上，全方位、多角度、全要素、全过程地提出了哲学社会科学

---

①　叶继元. 人文社会科学评价体系探讨［J］. 南京大学学报（哲学·人文科学·社会科学版），2010，47（1）：97-110+160.

评价体系框架。

全评价理论认为，任何一个评价体系至少涉及六大要素（评价目的、评价主体、评价客体、评价标准和指标、评价方法、评价制度）。其中，评价目的是整个评价体系的中心思想，学术共同体是整个评价体系的主导，而评价标准和指标是核心，评价制度是整个评价体系的根本保障。该理论认为，在任何一项学术评价中，都应根据评价目的来确定评价标准及指标，根据评价方法来选择评审专家的运作模式，以适配当前的学术评价。此理论模式指明了评价的具体原则和框架，较好地解决了当前学术评价界存在的过分数量化和形式化的问题，指出应根据评价对象的自身特点选择不同的评价制度、方法和指标。

由全评价体系可以概括出，评价目的起决定作用，同行专家评价起主导作用，专家与引文等计量评价形成起互补作用的评价指标体系。所有评价都可以归纳成形式评价、内容评价和效用评价三种方式，其中形式评价是评价主体对评价对象的外部各方面特征的评价；内容评价是评价对象的内涵特征，是关于整个评价体系质量的评价；效用评价是实践、时间与历史对评价客体实际作用和价值的验证或最终评价①。

第二节　DAMA 数据管理知识体系

DAMA 数据管理知识体系是国际数据管理协会组织专家对数据管理领域知识和实践的总结。最新版为 2017 年出版的 *DAMA-DMBOK：Data Management Body of Knowledge*（2nd Edition）。

---

① 庆海涛，李刚. 智库专家评价指标体系研究［J］. 图书馆论坛，2017，37（10）：22-28.

DAMA数据管理框架（车轮图）（第一章第二节中有提及）定义了数据管理知识领域。其中数据管理活动的中心为数据治理，因为治理是实现功能内部一致性和功能之间平衡的关键。其他知识领域（数据体系结构、数据建模等）都是成熟数据管理功能的必要组成部分，围绕车轮平衡。根据组织的不同需求，可以在不同的时间实现。这11个数据管理职能具体如下：

　　数据治理：通过建立数据决策体系，一定程度上为企业数据管理应用提供指导和监督。

　　数据架构：筹划了与组织战略相协调的用来管理数据资产的设想，指导基于组织的战略目标，制定与战略需求相适应的数据架构。

　　数据建模和设计：以数据模型发掘、剖析、展示、联系数据需求。

　　数据存储和操作：以数据价值最大化为目标，包括存储数据的设计、实现和支持活动，以及在整个数据生命周期中，从计划到销毁的各种操作活动。

　　数据安全：保护数据隐私，保障数据安全，使数据的采集安全和应用安全得到保障。

　　数据集成和互操作：涉及数据存储、应用程序和组织两者之间的数据移动及整合相关的过程。

　　文件和内容管理：包括计划、实施和控制方面的活动，尤其是指那些支持法律法规遵从性要求所需的文档。目的在于使管理活动覆盖非结构化媒体的数据和信息生命周期过程。

　　参考数据和主数据：包括有关核心共享数据的持续沟通和维持，确保关键业务实体的真实信息在各系统间以及时、关联、准确的形式运作。

　　数据仓库和商务智能：包括计划、实施和控制流程，来管理决策支持数据，并使知识工作者以分析报告的方式从数据中获得相关价值。

　　元数据：包括规划、实施和控制活动，以便推动访问高质量集成元数据，包括定义、模型、数据流和其他重要的信息（有助于理解数据及其创建、维护和访问系统）。

数据质量：包括规划和实施质量管理技术技能，目的在于测量、评估和提高数据在组织内的适用性。

第三节　风险社会理论及成本收益理论

风险社会理论是德国社会学家乌尔里希·贝克（Ulrich Beck）在其经典著作《风险社会：新的现代性之路》中提出的。根据风险社会理论，在后工业社会的时代背景下，在科技的快速发展为社会生产与生活提供巨大动力的同时，新的风险也随之诞生。不同于疾病、战争、温饱等传统社会风险，后工业社会的社会风险主要是由科技发展所带来的核能、环境污染、数据安全风险等。Beck 所提出的风险社会理论实质上是对社会现代化与科技发展的深刻反思①。现代社会是新型风险社会，其风险的发生及产生的后果难以预测，而传统事后补救式的治理模式不利于阻止危险的发生与损害的扩大。因此，相比于事后补救式的治理模式，预防式的治理模式与现代社会风险治理的需求更加契合。数据风险同样是现代科技发展的衍生物，一方面，数字技术与智能科技的发展优化了服务水平；另一方面，也为数据安全带来了全新的风险与挑战。由此可见，保障数据安全更需要在开展事后惩戒工作的同时，采取预防管理措施来规避数据安全风险，进一步纾解对风险隐患本身的担忧。数据合规理论符合在风险社会中人们事前预防风险现实化的需求，借助电力企业内部的规范管理，为识别、制止风险及其现实化提供了较好的制度保障。

成本收益理论来自经济学经典理论，最早由美国经济学家加里·S. 贝克

---

①　张旭，周为. 从"风险社会"到"风险刑法"：理论与进路的多重清理 [J]. 东北师范大学学报，2020（1）：107-114.

尔（Gary S. Becker）提出，该理论为数据合规的正当性提供了坚实的基础。在成本收益理论中，Becker 首次利用经济学理论分析人类相关行为。成本收益理论假设作出行为选择的个人应当是具有理性的个人，能够认识与权衡所实施的行为需要付出的成本和获得的收益。同样地，公司是否应该实行数据合规可以借助成本收益理论阐明表述。数据合规不仅是一项制度规范，也是一项制度选择。公司是否应该采纳数据合规，需要权衡合规的成本与收益[①]。数据合规的成本在于合规相关计划的制订与实施，涉及合规计划的制订、运行、监督等。合规的收益在于通过合规手段与措施，及时阻止相关违法犯罪行为。开展数据合规管理一方面有利于削弱违法犯罪行为对他人、社会以及国家所造成的伤害，保护他人利益、公司利益以及社会和国家利益；另一方面，有助于降低公司自身由于违法犯罪行为而应当承担的法律责任风险与经济信任风险。因此，通过比较数据合规的成本与收益的质性与量性，发现数据合规实际上是通过利用较少的内部管理成本获取较大的风险预防利益。

第四节　数据安全能力成熟度模型

数据安全能力成熟度模型也被称为"数据管理能力成熟度评估"，目前是数据安全领域应用最为广泛的标准理论，该模型来源于《信息安全技术 数据安全能力成熟度模型》（GB/T 37988-2019）（以下简称 DSMM 认证），是由全国信息安全标准化技术委员会提出并归口，阿里巴巴、中国电子技术标准化研究院、国家信息安全工程技术研究中心、中国信息安全测评中心等业内权威机构联合编写的国家标准，于 2020 年 3 月 1 日正式实施。

---

① 林浩屹. 基于"成本—收益"理论的电信网络诈骗防控研究 [J]. 福建警察学院学报，2021，35（5）：67-74.

能力成熟度模型（Capability Maturity Model，CMM）是对一个组织的数据安全能力成熟度进行度量，包括一系列代表能力和进展的特征、属性、指示或模式。该标准借鉴了能力成熟度模型的思想[①]，以组织的数据为中心，将数据按照其生命周期分阶段采用不同的能力评估等级，分为数据采集安全、数据传输安全、数据存储安全、数据处理安全、数据交换安全、数据销毁安全六个阶段，40 个过程域（Process Area，PA），其中包含 24 个数据生命周期各阶段安全过程域和 16 个数据生命周期通用安全过程域（见图 2-1），具体各阶段的定义如下[②]：

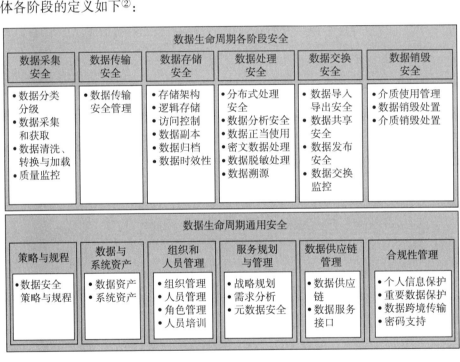

图 2-1　数据生命周期各阶段安全

（1）数据采集阶段：指在组织机构内部系统中新生成数据，以及从外部

---

① CMM 描述了数据管理能力从初始状态发展到最优化的过程。20 世纪 80 年代，卡内基梅隆大学专家工程研究所发布的软件能力成熟度模型，首先应用于软件开发，现已被广泛应用于数据管理领域。

② 参见 GB/T 37988—2019《信息安全技术　数据安全能力成熟度模型》。

收集数据的阶段。

（2）数据传输阶段：指数据在组织机构内部从一个实体通过网络流动到另一个实体的阶段。

（3）数据存储阶段：指数据以任何数字格式进行物理存储或云存储的阶段。

（4）数据处理阶段：指组织机构在内部针对数据进行计算、分析、可视化等操作的阶段。

（5）数据交换阶段：指数据由组织机构与外部组织机构及个人交互的阶段。

（6）数据销毁阶段：指通过对数据及数据的存储介质运用相应的操作手段，使数据彻底消除且无法通过任何手段恢复的过程。

从组织建设、制度流程、技术工具、人员能力四个维度，按照1~5级成熟度，构建数据能力成熟度模型（见图2-2），评判组织的数据安全能力。具体如下：

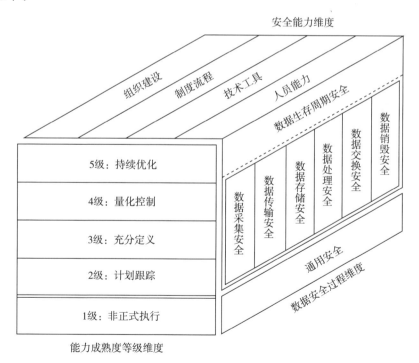

图2-2　数据能力成熟度模型

1级（非正式执行）：数据安全工作是随机、无序、被动执行的，依赖于个人，经验无法复制。

2级（计划跟踪）：在项目级别主动实现了安全过程的计划与执行，没有形成体系化。

3级（充分定义）：在组织级别实现了安全过程的规范定义和执行。

4级（量化控制）：建立了量化目标，安全过程可量化度量和预测。

5级（持续优化）：根据组织的整体战略和目标，不断改进和优化数据安全过程。

第五节　风险评估

风险评估是风险管理的核心，在风险防范过程中起着核心的导向作用。风险管理是以风险发生规律和风险控制技术为研究对象的管理科学，是指风险管理单位通过风险识别、风险衡量、风险评估和风险决策等管理手段有效控制风险和妥善处理损失的过程。风险管理通过识别、衡量和分析风险，选择最优方案，主动、有目的、有计划地处理风险，以最小成本力求获得最大安全保证。

一、风险评估概念

关于风险评估概念的界定，目前学术界和实践部门没有统一的称呼。表2-1梳理了国际上较有影响力的 ISO 31000、《巴塞尔资本协定》，以及国内五部委联合制定的《企业内部控制基本规范》对风险评估的定义。

表 2-1　风险评估定义[①]

来源	定义
ISO 31000	风险评估是风险识别、风险分析、风险评价和风险应对的全过程 ①风险识别的目的是发现、识别和描述可能有助于或妨碍组织实现目标的风险 ②风险分析的目的是理解包括风险水平在内的风险性质和特征。风险分析涉及对不确定性、风险源、后果、可能性、事件、情景、控制及其有效性的详细考虑。事件可能有多种原因和后果，并可能影响多个目标。根据分析目的、信息的可用性和可靠性以及资源的可用性，风险分析可以进行粗细程度、复杂程度不等的分析。分析技术可以是定性或定量的，也可以是定性和定量相结合的方式，这取决于环境和预期用途。风险分析应考虑以下因素：事件和后果的可能性；后果的特征和强度；复杂性和关联性；时间因素和波动性；现有控制的有效性；敏感性和置信水平 ③风险评价的目的是支持决策。风险评价涉及将风险分析的结果与既定的风险准则进行比较，以确定需要采取何种应对措施。这可能会决定：不需要做任何事情；考虑风险应对的不同选项；进一步分析以更好地理解风险；保持现有的控制；重新考虑目标。决策应考虑更广泛的环境和背景情况，以及当前和未来对内外部利益相关方的影响。风险评价的结果应该在组织的适当层面进行记录、传达和验证 ④风险应对的目的是选择和实施应对风险的方式。风险应对涉及以下反复优化过程：制定和选择风险应对方案；计划和实施风险应对方案；评估应对的有效性；确定剩余风险是否可接受；如果不能接受，采取进一步应对
《巴塞尔资本协定》	商业银行风险管理的主要流程包括风险识别、风险计量、风险监测和风险控制四个主要步骤，其中风险识别、风险计量相当于 ISO 31000 标准中的风险评估
《企业内部控制基本规范》	风险评估是组织建立与实施有效内部控制的五要素之一，是组织及时识别、系统分析经营活动中与实现内部控制目标相关的风险，合理确定风险应对策略

二、风险评估标准

当前有两项风险管理指南被公认为最具国际影响力，在企业风险管理领域有着举足轻重的地位及作用。一是 2004 年 9 月美国反虚假财务报告委员会下属的发起人委员会（The Committee of Sponsoring Organizations of the Treadway Commission，COSO）发布的《企业风险管理—整合框架》（Enterprise Risk Management-Integrated Framework）；二是国际标准化组织于 2018 年发布的 ISO 31000《风险管理指南》。另外，AS/NZS 4360 风险管理标准和 PMBOK 风险管理标准在国际上也具有较大影响力，下文介绍几种主要的风险管理标准。

（一）AS/NZS 4360 风险管理标准

由澳大利亚和新西兰联合制定的 AS/NZS 4360 风险管理标准（即《澳新

[①]　参见 ISO 31000-2009《风险管理　原理与实施指南》。

风险管理标准》）是世界上第一个国家风险管理标准，其过程清晰、简单明了，成为后来很多风险管理标准的核心流程，对促进风险管理的发展起到了非常重要的作用。此标准于 1995 年发布，后来进行了两次修订，被很多政府、组织和机构所采用。2009 年 ISO 发布的 ISO 31000：2009 取代《澳新风险管理标准》，成为风险管理领域使用的统一标准。

AS/NZS 4360 标准中规定了风险管理的术语以及风险管理的过程。主要包括四个章节：范围及概述、风险管理过程综述、风险管理过程和建立有效的风险管理。风险管理过程主要分为风险背景确定、识别、分析、评价、处理、监督、沟通和协商等。AS/NZS 4360 风险管理标准对标准的执行很多时候需要靠执行组织、人员的发挥，因此对执行人员的素质要求比较高。

（二）ISO 风险管理族标准

ISO 风险管理族标准共包含四个正式标准（见表 2-2），从标准的名称可以看出，各标准的定位和功能不同。ISO 风险管理族标准对于组织开展风险管理工作，既提供了统一的语言逻辑，又提供了一整套完整的解决方案。

表 2-2　ISO 风险管理族标准

ISO 风险管理族标准	标准定位
ISO Guide 73：2009《风险管理 术语》[①]	为风险管理族里的其他标准提供术语的定义和解释
ISO 31000：2018《风险管理 指南》[②]	风险管理标准族的核心，为风险管理明确了原则、框架和过程
ISO/IEC 31010：2019《风险管理 风险评估技术》[③]	侧重于风险评估方法与技术，是使用 ISO 31000 的技术补充
GB/T 35770—2022《合规管理体系 要求及使用指南》等同采用 ISO 37301：2021《合规管理体系 要求及使用指南》。	风险管理框架和过程的实施指南

[①]　GB/T 23694-2013《风险管理 术语》等同采用 ISO Guide 73：2009《风险管理 术语》。
[②]　GB/T 24353-2009《风险管理 原则与实施指南》等同采用 ISO 31000：2018《风险管理 指南》。
[③]　GB/T 27921-2011《风险管理 风险评估技术》等同采用 ISO/IEC 31010：2019《风险管理 风险评估技术》。

1. ISO Guide 73：2009《风险管理 术语》

ISO Guide 73：2009《风险管理 术语》界定了 50 个与风险管理相关的通用术语的定义（见图 2-3），对风险管理相关活动进行描述。同时将 51 个通用术语归纳为三大类。第一个类别是"风险"；第二个类别是"风险管理"，

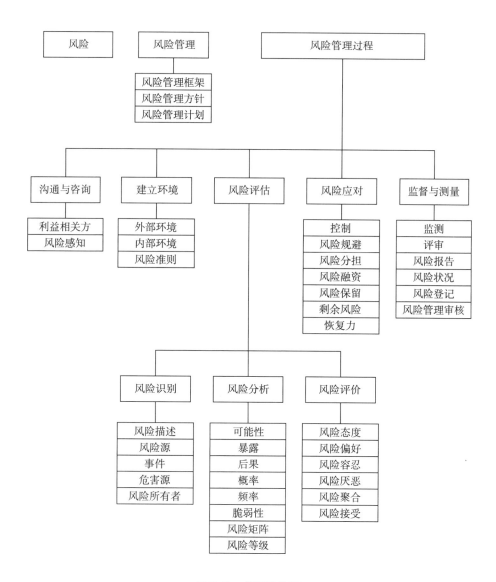

图 2-3　术语的关系

包括风险管理、风险管理框架、风险管理方针、风险管理计划四个术语;第三个类别是"风险管理过程",包括 45 个术语。风险评估被认为是风险管理过程中的一环,包括风险识别、风险分析、风险评价三个流程。部分术语内容阐述如下:

风险:不确定性对目标的影响。这个术语是 ISO 风险管理标准族的核心和基石,其定义的内涵和外延直接影响风险管理工作的目标、内容和边界。

风险管理:针对风险所采取的指挥和控制组织的协调活动①。

风险管理框架:一套为在全公司范围内设计、实施、监测、评审和不断改善风险管理而提供基础和组织安排的构成。

风险管理过程:将管理方针、程序和操作方法系统地应用到沟通与咨询、建立环境,以及识别、分析、评价、应对、检测与评审风险活动中。定义明示了"风险管理过程"的具体活动内容,如图 2-4 所示。同时定义也说明了"风险

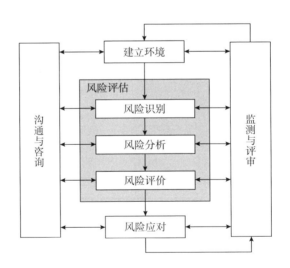

图 2-4 风险管理过程

---

① 吴沅微,颜祥林. 数字档案馆项目风险管理的理论及作用分析 [J]. 档案与建设,2015 (4):16-19.

管理过程"是一个应用过程，该应用过程是把管理方针、程序和操作方法等系统地应用到上述活动中去。程序和操作方法则包含于"风险管理计划"之中。

风险评估：风险评估是风险管理过程中的核心部分。从定义来看，风险评估是一个大过程的总称，该过程由风险识别、风险分析和风险评价三个子过程组成。

风险识别：发现、承认和描述风险的过程[①]。风险识别是一个过程，该过程是对风险从发现到承认再到描述的过程。风险识别是风险评估的三个子过程之一，且位居整个风险评估过程的第一个阶段。风险识别的全面性和真实性直接影响风险管理的后续过程，没被识别的风险则不会进入后续过程。有关风险识别子过程的输入、处理、输出等内容，详见后期分享。

风险描述：对风险的结构化的陈述，通常包括风险事件、风险源[②]、事件、危害源、风险所有者五个元素。这种结构化的描述有利于建立庞大的数据库，也有利于组织查询和追踪风险变化情况。

风险分析：理解风险本性和确定风险等级的过程[③]。从定义来看，风险分析也是一个过程。在风险评估的三个子过程中，它位居中间，前面是风险识别子过程，后面是风险评价子过程。可见，风险识别输出为风险分析提供输入，风险分析输出为风险评价提供输入。所以说，风险分析是风险评估的核心子过程。在风险分析子过程中，既要分析影响某目标的固有风险，还要

---

① 风险识别包括对风险源、风险事件、风险原因及其潜在后果的识别。这里识别"风险原因"只是识别其直接原因或表象原因，真正的风险原因还需由下一步的风险分析来确定。这里对潜在后果的识别，也只是识别后果是什么，后果性质怎么样，是正面的还是负面的。至于后果的大小，也需要风险分析来确定。风险识别可包括历史数据、理论分析、有见识的意见、专家的意见，以及利益相关方的需求。

② 风险源：对导致风险具有内在可能性的元素或元素的结合。风险源可以是有形的，也可以是无形的。

③ 风险分析为风险评价和风险应对决策提供基础。风险分析为风险评价和风险应对提供输入，是风险评价和风险应对的基础。这反映了风险分析在整个风险管理过程中的重要性。风险分析包括风险估计。因为风险是面向未来的，因此，在进行定量风险分析时，需要对风险进行评估。这个评估包括对后果大小的评估和可能性大小的评估。

分析组织现有的管理能力和控制措施的有效性，进而得出某潜在事件对特定目标的实际风险值（或风险等级）。

风险评价：旨在支持决策。风险评价涉及将风险分析的结果与既定的风险准则进行比较，以确定需要采取何种应对措施。可能的决策包括：无需做任何事；考虑风险应对方案；进一步分析以更好地理解风险；维持现有控制；重新考虑目标。决策应考虑到更广泛的背景，以及对利益相关方的实际及预期影响。风险评价的结果应当在企业的适当层面进行记录、传达和验证。

2. ISO 31000：2018《风险管理 指南》

2018 年 2 月 15 日，ISO 31000：2018《风险管理 指南》发布，是该指南2009 年版的首次修订，利用新的经验、知识来分析修订过程各阶段的行动和控制。为提升指南的普适性，2018 年版用更简洁的语言系统连贯地表达风险管理的基础知识，传递风险管理的价值和意义，以"任何组织、任何类型、任何生命周期、任何活动"为定位，突出了该准则对风险管理的普适性。

新标准的变化包括四个部分：一是风险管理原则审查；二是从组织治理切入，突出了企业高层的领导作用，强调风险管理的整合；三是进一步强调了风险管理的迭代性，指出在每个过程中，通过新的实践、知识和分析，可以对风险管理要素、行为和控制进行修正；四是在内容上进行了简化。

ISO 31000：2018 年版第 6.4 节指出风险评估应该借助利益相关方的知识和观点，以系统、迭代、协作的方式开展。风险评估应该使用最佳可用信息，并在必要时辅以进一步的调查。第 6.4 节也对风险评估的三个流程（识别—分析—评价）进行了详细介绍。

3. ISO/IEC 31010：2019《风险管理 风险评估技术》

为支持 ISO 31000 的应用，2009 年 12 月国际电工委员会（International Electrotechnical Commission，IEC）与 ISO 联合发布 ISO/IEC 31010：2009《风险管理 风险评估技术》标准（以下简称 ISO 31010）。ISO 31010 从操作角度详细阐述风险评估的全过程，引入多领域的技术帮助企业开展风险评估工作，并于 2019 年发布修订更新版，在规划、实施、验证技术使用上提供了更多详细信息。

ISO 31010 附录 B《技术说明》对 41 种技术在风险评估各阶段的适用性进行比较分析。原则上，只要满足评估的目标和范围，简单方法的评估效果要优于复杂方法，同时还应考虑企业可用资源。可用资源包括：风险评估团队的技能、经验、规模及能力；信息及数据的可获得性；时间以及企业内部资源的限制；获取外部资源的可用预算。

4. ISO 37301：2021《合规管理体系　要求及使用指南》

在日益复杂的国际形势及不断加剧的贸易摩擦下，为强化企业对合规管理的认知，提升企业应对合规风险的能力，促进全球化合规发展，ISO 于 2018 年11 月启动了 ISO 19600 的修订工作，新的标准更名为 ISO 37301《合规管理体系要求及使用指南》（以下简称 ISO 37301），并于 2021 年 4 月 13 日正式发布。ISO 37301 满足现代合规管理体系测试标准的全部要求，为 A 类标准，可由独立第三方对企业或部门的合规体系有效性进行认证。获得 ISO 37301 认证有助于企业在相关方之间传递信任，为贸易、交流与合作提供便利。

ISO 37301 采用正文要求加附录指南的结构，正文对风险评估的要求参见第 4.5 节（合规义务）和第 4.6 节（合规风险评估）（见表 2-3）。ISO 37301强调合规义务维护、合规风险评估的文档保留要求，并且突出对外包和第三方相关流程进行合规风险评估的重要性。

表 2-3　ISO 37301 对合规评估要求①

来源	内容
第 4.5 节 （合规义务）	企业应当系统性识别其活动、产品和服务所产生的合规义务，评估合规义务对企业运营的影响；建立流程以识别新的和变更的合规义务，并对合规义务管理进行相应必要的调整；保留合规义务的文档信息

---

①　GB/T 35770—2022《合规管理体系　要求及使用指南》等同采用 ISO 37301：2021《合规管理体系　要求及使用指南》。

来源	内容
第4.6节 （合规风险评估）	企业应根据合规风险评估，识别、分析和评价自身合规风险；企业应通过将合规义务与活动、产品、服务及其运营相关方面联系起来以识别合规风险；企业应评估与外包和第三方相关的流程的合规风险；合规风险应定期进行评估，并在内外部环境发生重大变化时进行评估；企业应保留有关合规风险评估和解决其合规风险的措施的文档信息

（三）PMBOK 风险管理

PMBOK（Project Management Body of Knowledge）是美国项目管理协会（PMI）编制的项目管理体系指南。2021 年 7 月 PMI 发布了《项目管理知识体系指南（第七版）》。

PMBOK 指南的第 11 章对项目的风险管理进行了详细的解释。其中主要包括规划风险管理、风险识别、风险定性/定量分析实施、规划风险应对、风险控制。这些风险管理程序与传统的管理程序相似，但在其中增加了"计划风险管理"这一环节。

PMBOK 指南中的风险管理模块体现了项目风险全过程管理和全员参与的理念。全过程管理即事前、事中、事后的管理；全员管理是指项目中所有成员都需参与风险管理的工作。只有这样才能最大限度地发挥出风险管理的作用。项目风险管理中的规划风险管理体现了预防和事前控制的思想，可以在风险发生之前进行规划、管理和预防。

（四）COSO 风险管理框架与合规风险评估

2020 年 11 月 11 日，美国反虚假财务报告委员会下属的发起人委员会（COSO）更新新指南《合规风险管理：应用 COSO ERM 框架》[①]，介绍了 COSO 企业风险管理（Enterprise Risk Management，ERM）框架在合规风险管理中的应用。该指南受 COSO 委托，由企业合规和道德协会（Society of Corpo-

---

[①] https://www.coso.org/Documents/Compliance-Risk-Management-Applying-the-COSO-ERM-Framework.pdf.

rate Compliance and Ethics，SCCE）与卫生保健合规协会（Health Care Compliance Association，HCCA）撰写。

2017 年发布的 COSO ERM 框架包含 5 个要素及 20 项原则（见表 2-4）。COSO 指南将有效道德合规计划的具体要求及新生实践与 5 个要素、20 项原则进行映射。其中，要素 3 "执行" 中的 5 项原则涵盖 COSO 对合规风险评估的指导。

表 2-4　COSO《合规风险管理：应用 COSO ERM 框架》20 项原则

要素	原则
治理和文化	①董事会监督风险 ②建立经营结构 ③定义期望的文化 ④展示对核心价值的承诺 ⑤吸引、发展和保留人才
战略和目标设定	⑥分析业务背景 ⑦定义风险偏好 ⑧评估替代策略 ⑨制定业务目标
执行	⑩风险识别 ⑪评估风险严重性 ⑫风险定级 ⑬风险应对 ⑭建立风险组合观
审查和修订	⑮评估重大变化 ⑯审查评估与执行 ⑰继续改进 ERM
信息、沟通和报告	⑱利用信息技术 ⑲沟通风险信息 ⑳报告风险、文化及绩效

1. 风险识别

COSO 认为一个成熟、完善的合规计划应努力识别和管理所有合规风险，无论这些风险在企业层面是否重大。即使是小的合规风险也会对合规文化造成影响进而成为严重威胁。COSO 介绍了两种常用风险识别方法：一是制定风险清单，二是采访关键员工，强调合规风险的多样性和复杂性，要求业务负责人和风险责任人参与风险识别。监管机构提供的信息也有助于识别新的和正在出现的风险，监管机构通常都会发出风险警报，告知其在何处监测到新生风险及合规问题。

战略合作中的第三方承包商、供应商和合作伙伴可能会为企业带来重大的合规风险。与企业自身的员工相比，由于控制或监督第三方合规的能力衰减、第三方遵守合规动机并不明确，以及第三方可能在与企业总部不同的司法管辖区域开展业务，评估涉及第三方的风险会更加复杂，但风险评估应当在涉及第三方时进行，并在随后定期开展。风险评估应考虑第三方扮演的角色、重要性以及可能影响与第三方相关的风险等级的其他因素。

COSO 将风险识别分为六点：一是在文档政策和程序中描述合规风险识别和评估流程；二是识别与规划战略和业务目标相关的合规风险；三是评估内部和外部环境；四是创建识别新生风险的流程；五是考虑与使用与第三方相关的风险；六是考虑通过热线、其他报告渠道以及调查结果收集的信息。

2. 评估风险严重性

评估风险严重性关键在于使用统一的评分系统来衡量，并应尽量减少偏见和认知的限制。COSO 认为，评估风险严重性需要分析"可能性"和"影响"。评估可能性较主观，但仍有可使用的系统性方法，企业可以基于历史数据获取不合规事件发生的频率；影响是风险在企业战略和业务目标层面的结果。对于合规风险，影响包括民事和刑事处罚、企业声誉受损以及业务中断。

表 2-5 从"几乎确定"到"几乎不可能"中的 5 个尺度区分不同控制措施下的不合规发生的可能性。

表 2-5　不合规发生的可能性

可能性	现有管控	发生频率
几乎确定	无控制措施； 没有政策/程序、确定的负责人、培训及管理审核	大多数情况下都会发生：每年一次以上
很可能	已制定政策和程序，但既没有强制执行也没有定期更新； 未开展管控测试或测试结果较差； 已确定责任人； 有一些正式和非正式的培训； 无管理审核	可能会发生：至少每年一次
有可能	已制定政策，但没有定期更新； 偶尔测试管控，结果参差不齐； 已确定责任人； 根据需要提供培训； 偶尔进行管理审核，但没有记录	可能在某一时间发生：至少 5 年一次
不太可能	执行并定期更新政策； 控制测试结果较好； 定期向已确定的责任人提供培训，但没有记录； 定期进行管理审查，但没有记录	可能在某一时间发生：至少 10 年一次
几乎不可能	执行并定期更新政策； 定期测试管控，且结果较好； 定期向责任人提供强制培训，并记录培训内容； 定期审核管理并进行记录	可能只在特殊情况下发生：10 年内不到一次

3. 风险定级

依据可能性和影响风险矩阵（见图 2-5）可以判断风险严重性，确定风险优先级，以便针对不同等级风险制定不同应对措施，包括如何应对、何时应对以及对每类风险的关注程度。虽然企业能处理所有的合规风险，但将风险分级、分类管理有助于企业在有限资源下快速关注最关键的风险。企业在确定风险优先级时，除了风险严重性，还应考虑风险对企业的影响速度、持久性及企业脱离风险的恢复力。

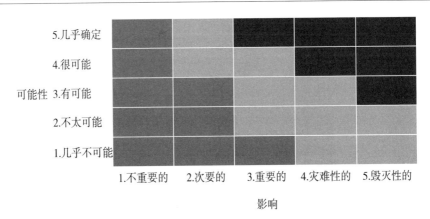

图 2-5　可能性和影响风险矩阵

注：针对中灰色区域内的风险，定期重新评估，但不采取具体的风险应对行动或大范围的监控行动。针对浅灰色区域内的风险，在不投入大量资源的情况下制订风险缓解计划，以减少或消除风险。针对深灰色区域内的风险，指派合规委员会与风险责任人合作，制订详细的应对计划，分配风险应对责任，并制订针对整改工作的监控和审计计划。

4. 风险应对

风险应对旨在采取多种方式管理各等级的风险。对于等级较高的风险，最有效的应对是设计并实施合规控制措施。应对风险需要采取以下措施：在处理每项风险时考虑有效合规计划的要素，为每项合规风险分配责任，管控、跟进以确定合规风险应对措施按计划实施等。

5. 建立风险组合观

认识到合规风险之间的相互关系以及合规风险与其他企业风险之间的关系非常重要。如果孤立地管理合规风险，很可能会导致管理低效，甚至管理手段冲突。建立风险组合观旨在降低违反合规风险的管控可能会增加某些流程延迟的风险，如果业务部门将此种延迟识别为需要应对的风险，那么这两种风险应对措施则会相互冲突。建立风险组合观关键在于，将合规风险管理纳入企业全局风险管理，并在合规部门和业务部门之间建立定期沟通机制。

（五）国内项目风险管理标准和规范

中国的风险管理理论研究起步相对较晚。2006年6月，国务院国资委发布了《中央企业全面风险管理指引》，2008年发布了《企业内部控制基本规范》，以加强企业的内部控制，并要求上市公司实施。2007年11月成立了与ISO/TMB风险管理工作组对应的全国风险管理标准化技术委员会。从2005年ISO/TMB风险管理工作组成立以来，国家标准化管理委员会始终在组织和鼓励国内的专家积极参与风险管理国际标准的活动与风险管理国际标准的制定工作，中国推荐的风险的定义也不断被ISO组织采纳。借鉴和参考国际标准化组织，澳大利亚、英国等发达国家的标准，我国也制定了相应的风险管理标准，发布了几个主要的风险管理标准，如GB/T 23694-2013《风险管理 术语》、GB/T 24353-2009《风险管理 原则与实施指南》、GB/T 27921-2011《风险管理 风险评估技术》、GB/T 24420-2009《供应链风险管理指南》、GB/T 26317-2010《公司治理风险管理指南》、GB/T 20032-2005《项目风险管理 应用指南》、GB/T 20984-2022《信息安全技术 信息安全风险评估方法》等。

1. GB/T 风险管理标准

中国以ISO标准为基础，制定了GB/T 23694-2009《风险管理 术语》，于2009年首次发布，并于2013年修订。2009年9月30日全国风险管理标准化技术委员会以ISO 31000《风险管理 指南》为参照，颁布了风险管理系列标准中的指导性标准GB/T 24353-2009《风险管理 原则与实施指南》。

此标准中的框架和流程与ISO 31000标准中的框架和流程基本一致。在2011年，参考相应标准，编制了GB/T 27921-2011《风险管理 风险评估技术》。在参考了相关标准的基础上，我国还制定了GB/T 24420-2009《供应链风险管理指南》和GB/T 26317-2010《公司治理风险管理指南》。

经过几年的发展，我国制定了多个风险管理标准，并逐步成为一个体系，对风险管理的发展起到了非常重要的作用。同时，政府、企业、机构的风险管理的应用，也使风险管理发挥越来越重要的作用。

2. 中央企业风险管理指引

2006 年 6 月，国务院国资委发布了《中央企业全面风险管理指引》，使我国企业风险管理迈向了一个更高阶段，为中央企业如何开展全面风险管理提出了明确的方法与要求。它以国有企业在经营管理过程中的经验教训为基础，参考国际经验制定而成，具有较强的现实性和前瞻性。《中央企业全面风险管理指引》分为十个章节，在参考借鉴 COSO ERM 全面风险管理标准的基础上，提出了全面风险管理框架。

全面风险管理框架从内容上对 COSO ERM 框架实现了全面覆盖，并且包含了风险管理信息系统，风险管理信息系统协助了风险管理策略、风险理财措施、风险管理的组织职能体系和内部控制系统多个模块的运行。内控系统只是风险管理的一部分。全面风险管理框架还对风险理财的技术方法和工具做了介绍。该框架最终能实现针对企业的全面风险管理。

（六）国内外风险管理标准发展

自从 ISO 发布了 ISO 31000 风险管理标准后，很多国家都以此标准制定了相应的国家标准，向更系统化、全面化的方向发展，实现全员参与、立体式管理、全面管理等。另外，随着信息技术的发展，风险管理会依靠信息管理系统实现。

目前，国内的风险管理标准基本上是对国外标准的参照和借鉴，尚未形成自己独特的管理标准。

因此，对于未来的发展，一是在借鉴国外先进标准的基础上，制定、开发出符合中国自身特点的标准；二是在全球化进程中，紧跟国际步伐，不断地参与到国际标准的制定中来；三是完善风险管理标准体系，使管理标准进一步系统化、全面化，同时，需要针对不同行业的实际需要，制定对应的风险管理标准；四是风险管理标准会更广泛地运用统计分析方法，同时进一步推动实现风险管理的信息化运作。

第六节　风险矩阵法

一、风险矩阵概念

风险矩阵出现于 20 世纪末期，最早由美国空军电子系统中心（ESC）的采办工程小组于 1995 年提出。该方法通过综合分析风险发生的可能性以及后果的严重程度评估风险大小，将定量分析与定性分析结合使用，操作简便。在项目管理实践中，风险矩阵可以准确识别项目既定风险，评估潜在风险，分析风险等级以及计算风险发生概率，为制定项目风险应对策略提供了有力的基础数据支撑，对推进项目进程起到重要作用，因此在大型项目管理实践的过程中得到了广泛应用[①]。

美国 MITRE 公司还开发了一套以 Excel 5.0 为应用工具的风险矩阵应用软件，可在软件中自动交叉检查风险矩阵所分析出的风险等级，并对风险降级的过程进行动态测量，具有良好的跨平台兼容性[②]。传统风险矩阵对相关因素的风险发生可能性与后果严重程度进行逐一分配，在二维坐标系中形成不同的区域，并用不同的颜色加以区分。根据不同因素的风险发生可能性和后果严重程度，确定相关因素在二维坐标系中所处的风险区，判断该因素的风险大小。对于研究者而言，这种方式能够直观地分析出各个风险因素间的联系，同时形成对各个因素风险高低的直观判断。

二、风险矩阵适用性

在风险评估领域中，大多数评价模型都是建立在精确数学计算的基础之

①　梁修茂. 国铁信号系统联锁设备工程试验风险分析研究［D］. 北京：中国铁道科学研究院，2022.
②　朱启超，匡兴华，沈永平. 风险矩阵方法与应用述评［J］. 中国工程科学，2003（1）：89-94.

上的，虽然能够有效挖掘出量化指标，但往往容易忽略对定性指标的分析。而风险矩阵在诸多风险评估方法中具有独特的优势，该方法能够将定量分析与定性分析有机结合，既能够处理各种难以定量的模糊性现象，同时也能够对难以定量的相关因素用数字的形式进行表达。层次分析法中对两两指标相对重要性的比较数值受专家的主观意识影响较大，需要专家对企业的发展现状及业务水平有极为全面的了解。而且当风险指标较多时，一旦专家判断矩阵不满足一致性检验，就需要对判断矩阵进行调整，导致结果偏离专家主观判断。风险矩阵法在专家评价的基础上，指定风险矩阵评级标准，并运用Borda序值法确定各个指标的风险等级，在一定程度上减少了专家的主观判断对评价结果的影响，使风险指标得分更加符合客观情况。

三、风险矩阵基本形态

风险矩阵具有多种形态，根据实际情况的不同、实践需求的变化，风险矩阵也呈现出不同的形态特征。根据风险矩阵特点及作用的不同，主要分为以下几种形态①：

（一）原始风险矩阵

原始风险矩阵的组成主要包括以下几个部分：需求栏、技术栏、风险栏、影响栏、风险发生概率栏、风险等级栏和风险管理/降低栏。每一栏在风险矩阵中的作用如表2-6所示。

表2-6　风险矩阵构成

名称	作用
需求栏（Requirements）	说明项目的基本需求
技术栏（Technology）	列出具体需求需采用的技术手段，如果所需技术无法实施或不成熟，则会提高一定的风险概率

---

① 顾振山．风险矩阵在国际电信设备 NX 公司风险管理中的应用研究［D］．苏州：苏州大学，2014.

续表

名称	作用
风险栏（Risks）	识别、描述具体风险
影响栏（Impact）	对风险影响进行评估
风险发生概率栏 （Probability of Risk Occurrence）	对风险发生概率进行评估
风险等级栏（Risk Rating）	通过输入风险发生概率值和影响值确定风险等级
风险管理/降低栏（Risk Manage/Mitigate）	制定具体措施管理/降低风险等级

表 2-7 是美国空军电子系统中心在 1995 年提出的原始风险矩阵案例。

表 2-7 风险矩阵案例

项目需求	所用技术	风险	风险影响	风险概率	风险等级	风险管理
VHF 单通道通信	ARC-186	设计不合理	关键	0~10	中	把演示论证作为资源取舍工作的重要部分
	ARC-210					
对讲系统 SINCGARS	ARC-201	算法导致误解；ICD 问题	关键	41~60	高	获得测试项目的关键参数
	GRC-114					通过地面小组会议对战斗机进行检查研究
160km 通话要求	ARC-210	天线性能	严重	61~90	中	控制前端技术的早期演示论证
A-10 和 F-16 的 JSTARS 和 ABCCC 系统	当前技术不可用	错误的电源等级供应；错误连接；"Co-site"问题	一般	0~10	低	建立信息和决策系统
无线电信号前端控制	没有/不成熟	难以得到飞行员一致同意	一般	91~100	高	控制前端技术的早期演示论证
联合项目办公室	没有/不成熟	不同的用户	严重	41~60	中	建立信息和决策系统
进度：2 年交付	没有/不成熟	一体化周期	严重	11~40	中	采用激励手段保证及时交付

· 43 ·

（二）一般风险矩阵

一般风险矩阵主要将项目风险分为低度风险、中低度风险（损失较大、发生概率较小）、中高度风险（损失较小、发生概率较大）、高度风险四类。四类风险分别对应矩阵内四种不同的网格区域（见图2-6）。在使用一般风险矩阵时，不是将数据导入风险矩阵，输出风险评估结果，而是直接从各种风险出发，针对不同的风险类型提出针对性的处理建议。

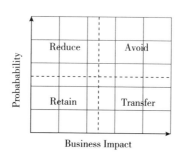

图 2-6　一般风险矩阵

（三）渐进风险矩阵

在渐进风险矩阵中，主要使用渐进变化的颜色来区分不同程度的风险，如图2-7所示。从观感上来说，这样的风险区分方式也更符合人们心中对风险的预期。该风险矩阵往往通过在矩阵内进行风险评估后，制作风险评价表，在评价表内详细列出各项风险，并给出与风险相对应的防范措施或治理措施。

（四）风险分布矩阵

风险分布矩阵在一般风险矩阵基础之上，还对各风险分布做了详细说明，如图2-8所示。通过构建一般风险矩阵，进一步对风险清单内各类型风险的分布状况做出具体标识。该风险矩阵相较于一般风险矩阵更容易促使风险管理各方主体在风险管理措施的选择上达成一致。

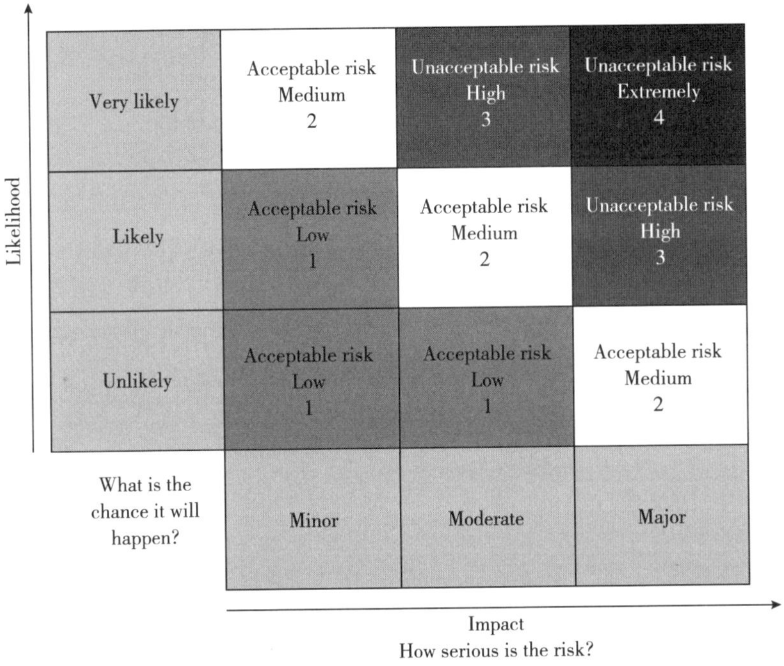

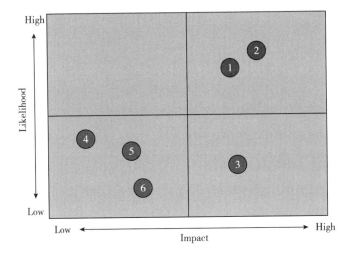

图 2-7 渐进风险矩阵

图 2-8 风险分布矩阵

（五）风险偏好矩阵

风险偏好矩阵的特征是在风险矩阵中添加了风险偏好曲线，从而更加明确了风险管理的目的，风险偏好曲线的设置与评价目标的经营方式、风险管理成本等因素有着密切的关系。

（六）风险回归散点矩阵

风险回归散点矩阵的优势在于多风险比对，但相对应的运用难度也要高于其他类型的风险矩阵，因此，要求该风险矩阵的使用者具有相对较高的综合素质，或有使用过此类风险矩阵的经验，并且要求使用者具有一定的风险管理知识储备。使用该风险矩阵不仅能够评估项目风险的大小，更能够回顾项目风险的发展趋势。

第三章　电力数据合规相关法律规范

本章将对国内外数据保护领域的相关重要法律规范进行述评。按照法律效力层级的顺序，从框架性的立法到配套的法律法规、标准指引等，分别进行解析。

第一节　国外数据合规监管现状

为应对新技术、新业务给现有的数据法律制度带来的挑战，世界各国和地区加强了数据保护，立法和修订活动频繁。

一、国外数据保护立法情况

20 世纪末至今，各国通过立法加强数据资源保护和个人信息保护，强调对本国公民和企业以及在本国投资的境外企业的数据保护和管辖。下面列举具有代表性的立法案例。

（一）欧盟

在隐私保护、数据泄露、数据歧视等问题不断涌现，给欧盟数据产业的发展以及个人数据保护带来了诸多新挑战的背景下，被称为"史上最严隐私法案"的欧盟《通用数据保护条例》（General Data Protection Regulation，GDPR）于 2018 年正式在欧盟实施。GDPR 全文共 99 条，标志着欧盟对数据的保护达到前所未有的高度，给欧盟的数据安全带来了全面制度改革，是全球数据安全保护的重要标杆。业界普遍认为，作为 20 年来隐私与数据保护领域最引人瞩目的立法变革，GDPR 或将引领未来多年全球数据保护潮流。其核心目标是将个人数据保护深度嵌入组织运营，真正将抽象的保护理论转化为实实在在的行为实践。对于企业而言，小至隐私政策、业务流程，大到信息技术系统、战略布局，无一不需要重新审视规划。欧盟后面陆续通过了《非个人数据自由流动条例》《网络安全法案》①，这两部法律与 GDPR 共同构成欧盟网络安全与数据保护的顶层立法。

GDPR 整合了隐私保护指令、电子通信隐私保护指令以及欧盟公民权利指令，旨在协调欧洲的数据隐私法律，使欧洲的规则保持一致，从而使公民远离隐私和数据的泄露，更新欧洲对于数据隐私的保护机制。GDPR 主要建立了完善的五大机制。一是权利机制。通过完善和细化个人信息权利，从而实现全面保障个人对其信息的控制权②。在 GDPR 框架下，数据主体享有访问权、更正权、反对权、限制处理权、被遗忘权、数据可携权，以及限制自动化决策等诸多权利。二是义务机制。基于风险管理理论，GDPR 建立了以数据控制者为核心的问责制。遵循 GDPR 是数据控制者的责任，这是此机制最核心的部分。在 GDPR 的架构下，数据控制者所需要承担的义务通常被细分为一般义务和特殊义务。前者是任何数据控制者都必须要遵守的义务，后者则是符合相关条款的数据控制者所必须履行的义务。三是数据跨境传输机制。对于向欧盟以外地区的数据传输，GDPR 共设置了三个机制，目标国的

---

① 2019 年 6 月 27 日，欧盟委员会通过《关于欧盟网络与信息安全局（ENISA）、信息通信技术网络安全认证及废除（EC）第 526/2013 号条例之条例》（简称《网络安全法案》）。
② 刘云. 欧洲个人信息保护法的发展历程及其改革创新［J］. 暨南大学学报（哲学社会科学版），2017，39（2）：72-84.

· 48 ·

个人数据保护水平被欧盟认定为达到"充分保护水平"是其中最为主要的一种机制。另外，可行的数据传输机制还有通过欧盟提供的标准合同条款或符合欧盟数据保护机构规定的标准。四是监管机制。为促进个人数据保护规则的落实，GDPR建立了完善的个人数据保护监管机制。其中在公权力监管机构方面，GDPR规定，成员国应当设立独立的监管机构来处理个人数据保护问题，监管机构的主要职责在于监督和促进GDPR的实施①。五是法律责任机制。在GDPR框架下，违反规定的数据控制者或处理者需承担民事责任和行政责任。只有造成了损害才会承担民事责任，GDPR赋权于数据主体，使其有权请求违反规定者赔偿损失。而面对行政责任的数据控制者和处理者，则需支付大额罚金。

GDPR的特点包括：一是法律层级由"指令"升级为"条例"。1995年《关于个人数据处理中个人权利保护及促进数据自由流通的指令》（以下简称1995年指令）是一项立法法令，其设置了欧盟国家必须实现的目标，但由各成员国决定如何适用，即需各成员国通过制定相应的国内法来进行转换。而GDPR是具有法律约束力的立法法案，直接适用于整个欧盟，不再需要各成员国国内法转换，有效解决了成员国之间法律制度的差异问题，从而统一了欧盟各成员国的数据保护规定。为确保各成员国对GDPR执行尺度的一致性，GDPR要求建立"一站式"监管模式，即开展个人数据处理活动的企业根据主要经营地确定主数据保护机构，并由主数据保护机构行使统一管辖权；其他成员国数据保护机构与主数据保护机构之间进行监管合作。二是扩张了域外效力。用属地加长臂管辖原则，在属地因素基础上增加了属人因素。由以"营业机构所在地"作为地域管辖的模式向以"数据"是否在欧盟境内产生作为地域管辖的模式转化，将适用范围扩展至向欧盟提供商品或服务且涉及个人数据处理的所有机构。这意味着无论是传统行业还是电子商务等新兴行

---

① 高富平. 个人数据保护和利用国际规则：源流与趋势［M］. 北京：法律出版社，2016.

业，只要涉及向欧盟境内个人提供服务并处理个人数据，无论其是境内还是境外的数据控制者和处理者，都将属于 GDPR 的适用范围，这也是 GDPR 在全球引起极大关注的重要原因之一。三是数据权利体系化。规定了数据主体的权利与数据控制者和处理者应尽的法定义务（见表 3-1）。四是强化了问责机制。针对违规行为制定了极其严厉的惩罚措施。根据 GDPR 规定，欧盟和成员国数据保护机构除可行使警告、申诫、责令整改或中止数据传输等处罚权力外，还可针对违规行为处以高额罚款。五是注重数据全力保护和数据自由流通间的平衡。在赋予了数据主体权益的同时，也强调个人数据的自由流通不得因为在个人数据处理过程中保护自然人权利而被限制或禁止。总体来看，相关法规约束力逐渐增强，隐私保护标准逐步提高，操作条款也更加具体。

表 3-1　GDPR 数据权利体系[①]

数据主体权利	权利的主要内容
知情权	数据控制者必须以清楚、简单、明了的方式向个人说明其个人数据是如何被收集处理的（GDPR 第 12、第 13、第 14 条）
访问权	数据主体在提供信息时，有权确认自己的数据是否正在被处理，并有权访问个人数据。数据控制者应为用户实现该权利提供相应的流程，且不能基于提供该服务而收费（GDPR 第 15 条）
反对权	禁止采集的数据不得被数据控制者、处理者收集。对于以下两种情形，数据主体享有绝对的拒绝权：①有权拒绝数据控制者基于其合法利益处理个人数据；②有权拒绝基于个人数据的市场营销行为（GDPR 第 21 条）
限制处理权	当数据主体提出投诉时（例如针对数据的准确性），数据主体并不要求删除该数据，但可以限制数据控制者不再对该数据进行继续处理（GDPR 第 18、第 19 条）
反自动化决策权（包括画像）	若数据控制者和处理者仅仅依靠自动化处理（包括画像）作出决策，会对数据主体产生重大影响时，数据主体有权不受其约束（GDPR 第 23 条）
数据被遗忘权（删除权）	当数据主体依法撤回同意或者数据控制者不再有合理由继续处理数据等情形时，数据主体有权要求删除数据（GDPR 第 17 条）
数据可携权	数据主体可以无障碍地将其个人数据从一个信息服务提供者处转移至另一个信息服务提供者处（GDPR 第 20 条）

① 王瑞. 欧盟《通用数据保护条例》主要内容与影响分析［J］. 金融会计，2018（8）：19-20.

（二）美国

当前美国数据监管领域呈现以下特点：一是联邦政府和州分层监管。美国尚未出台全国统一的数据保护法，相关立法以综合的模式共同构成该领域的整体法律框架，各州以综合框架为基础形成各自的数据保护法律框架（见表3-2）。各州均已出台了应对数据泄露的法律，内华达州、加州等地也已经通过了新的消费者隐私保护法案。一系列法案的出台充分证明美国正在逐步加强对消费者隐私的保护。二是分行业监管模式。针对不同领域、不同人群、不同类型的数据安全及个人信息，分别制定专门的数据保护法。重点关注特殊行业的个人隐私保护及数据安全。三是有限政府监管模式。与GDPR等较为严格的立法及监管模式不同，美国立足于数据和个人信息的自由市场，避免政府过度干预市场行为，且相关议案还受到"言论自由"方面的限制。

表3-2 美国联邦（部分）数据保护立法一览

联邦立法	保护对象	规制对象	规定内容	监管机构	刑罚
《格雷姆-里奇-比利雷法》	非公开个人信息	金融机构	数据共享时消费者选择退出要求；披露要求；数据安全要求	消费者金融保护局、联邦贸易委员会、联邦银行	有
《健康保险流通和责任法》	受保护的健康信息	医疗服务提供者、健康计划、医疗保健信息中心	数据共享时用户同意要求；披露要求；数据安全和数据泄露通知要求	卫生部	有
《公平信用报告法案》	消费者信用信息	信用报告机构	消费者报告准确性和使用要求；披露要求	消费者金融保护局、联邦贸易委员会	有
《视频隐私保护法》	消费者个人可识别信息	录像带服务提供商	数据共享应获得消费者同意要求	无	无
《家庭教育权和隐私权法》	教育记录	教育机构或接受联邦资助的机构	数据共享应获得消费者同意要求；披露要求	教育部	无
《上市公司会计改革和投资者保护法案》	N/A	公开上市交易的公司以及需要向美国证券交易委员会定期提交报告的公司	数据安全和数据泄露披露要求	美国证券交易委员会	有

联邦立法	保护对象	规制对象	规定内容	监管机构	刑罚
《儿童在线隐私保护条例》	在线收集13周岁以下儿童个人信息	网站或在线服务运营者：①直接向儿童提供服务；②正在收集儿童个人信息	收集和共享儿童个人信息获得同意要求；披露要求；数据保护要求	无	无
《电子通信隐私法案》	利用各种方式进行信息传递的窃听、信息存储等	所有个人和主体	拦截传输中的通信或访问存储通信需要授权的要求	无	有
《计算机欺诈和滥用法》	计算机中的信息	所有个人和主体	需经授权才可访问计算机的要求	无	有
《联邦贸易委员会法案》	N/A	除公共运营商、特定金融机构和非营利组织以外的个人或商业机构	数据隐私和安全政策以及数据实践活动不得存在不公平或欺骗要求	联邦贸易委员会	无
《消费者金融保护法案》	N/A	提供消费者金融产品或服务的主体	数据隐私和安全政策以及数据实践活动不得存在不公平或欺骗要求	消费者金融保护局	无

州层面最为典型、适用范围广阔的个人隐私保护立法是2020年1月1日生效的《加州消费者隐私法案》（California Consumer Privacy Act，CCPA），该法案为消费者个人数据的全面保护提供了完整的法律保障。作为CCPA的修正案，《加州隐私权利法案》（California Privacy Rights Act，CPRA）于2023年1月1日生效。CCPA/CPRA下的个人信息处理活动包括收集、使用、存储、披露、出售、共享等。CCPA/CPRA并未将告知同意作为一般原则。除了在出售或共享未满16周岁消费者个人信息等例外情形下消费者拥有"选择进入权"（Opt-in），一般情形下消费者仅拥有"选择退出权"（Opt-out）。值得注意的是，CCPA/CPRA下个人信息"共享"的定义较为特殊，特指为进行跨场景行为广告（无论是否存在利益交换）而将消费者个人信息以各种方式传输至第三方的行为，但需排除消费者故意要求企业披露其个人信息或与第三方互动等若干场景。CCPA/CPRA所涉主体包括企业、服务提供商和承包

商三类。对于控制个人信息的企业，CCPA/CPRA 规定了明确告知、合理必要、目的相符等处理原则；对于服务提供商和承包商，则要求企业必须与其签订协议，约定使用目的、隐私保护义务及措施、变更通知等内容。

《加州消费者隐私法案》的特点包括：一是适用范围和调整对象具有广泛性；二是确立了消费者信息处理基本规则；三是消费者所拥有的信息控制权得以扩大，如知情权、删除权、选择权、公平交易权等；四是救济措施明确且具有可执行性。

（三）日本

日本在数据保护方面的基础性法律是《个人信息保护法》（The Act on the Protection of Personal Information，APPI），该法律于 2003 年制定，2015 年、2020 年进行了修正。日本同时还制定了《个人信息保护法实施细则》等配套条例。修订后的 APPI 适用于所有在日本处理个人数据的企业经营者。这既包括在日本境内提供商品和服务的公司，也包括在境外设有办事处的日本公司。因此，类似于 GDPR，日本的隐私法也具有域外效力。此外，日本是 GDPR 生效后第一个从欧盟委员会获得充分性决定的国家，这表明欧盟和日本彼此认可对方的数据保护制度对个人数据的有效保护。

《个人信息保护法》的特点包括：一是提高了个人数据的有效利用率，凡是匿名化处理的数据都允许其流通使用。二是成立个人信息保护委员会，有权发布各种指南，并就安全措施等问题做出解释。三是规定了刑罚措施，对一些严重侵害个人信息的违法行为加大了处罚的力度，甚至刑事制裁。

（四）新加坡

新加坡在数据保护方面的基础性立法是 2012 年通过的《个人数据保护法》（Personal Data Protection Act，PDPA），并于 2020 年进行修正。围绕 PD-PA，新加坡制定了更为详尽的配套法律来处理特殊问题，如 2013 年的《个人数据保护（犯罪构成）条例》《个人数据保护（请勿致电登记）条例》，2014 年的《个人信息保护（执法）条例》，2015 年的《个人数据保护（上诉）条例》。

《个人数据保护法》的特点包括：一是创设了数据泄露时的强制报告义务，机构在发生数据外泄事件（数据泄露规模达到 500 人及以上）时，必须在三天内向个人资料保护委员会通报，并且尽快告知受影响的个人。二是为企业使用个人数据提供更大空间，在符合数据处理者的合法利益、业务改进、商业研究发展等情况下，数据处理者无需获得个人的同意，即可收集、使用及披露个人数据。

（五）印度

印度高度重视对数据的利用和保护，陆续启动了个人数据保护立法、国家数据治理政策框架。2022 年 11 月，印度电子与信息技术部发布了《2022 年数字化个人数据保护法案》（Digital Personal Data Protection Bill, 2022, DP-DP），这是印度政府发布的第一部数字化个人数据保护的综合性法律治理框架。

该法案的特点包括：一是具有一定的域外效力。对于以向境内个人提供货物或服务、分析境内个人的行为为目的而在境外开展的数据处理活动，也受制于法案的约束。二是适用该法案的个人数据的范围实际可能更狭窄。在名称上使用了"Digital"的限定，也明确规定了该法案不适用于非自动化处理的、离线储存的个人信息。三是创设了数据受托人和同意管理人制度。四是没有敏感个人信息的概念。但还是对儿童个人数据保护进行了专门的规定。五是以推定同意囊括个人数据处理的其他合法性基础。六是确立了个人数据处理活动的监管机构和监管措施。

二、国外数据保护执法情况

近年来，数据泄露、违规使用等事件层见叠出，非法采集个人数据事件频发。针对此现象，各国不断加大处罚力度，数据保护机构陆续对数据保护不力的公司开出罚单。以欧盟为例，自 GDPR 实施以来，两年时间已开出了

300 多个罚单[①]。

表 3-3 列举了全球范围内一些重大的因数据泄露、滥用、违规存储等而被处罚的数据合规事件。

表 3-3 全球范围内重大数据合规事件一览

时间	处罚机构	事件
2022 年 11 月	爱尔兰数据保护委员会（DPC）	Facebook 未能更好地保护其平台免受数据被窃取，致使 5 亿多 Facebook 用户包括其姓名、位置信息、出生日期等在内的个人信息被公布在一黑客论坛，违反了 GDPR 对企业保护个人信息的要求，其母公司 Meta 被处以约 2.75 亿美元罚款
2021 年 9 月	爱尔兰数据保护委员会（DPC）	WhatsApp 因违反 GDPR 的透明度原则，未能按照 GDPR 第 13 条的要求，向用户提供所需的隐私声明；未能提供与 WhatsApp 用户的联系人（非用户）相关的隐私声明；未能根据 GDPR 第 14 条的要求对个人数据进行处理，以便向用户显示哪些联系人也是 WhatsApp 用户；未能按照 GDPR 第 12 条的要求，以"易于访问的形式"提供隐私声明，被罚款 2.25 亿欧元
2021 年 7 月	卢森堡监管机构	Amazon 因在线广告行为被其欧洲总部所在地罚款近 7.5 亿欧元
2022 年 1 月	法国监管机构	因未能保障其用户具有充分的途径拒绝 cookie 追踪器，Google 被罚款 1.5 亿欧元
2022 年 12 月	美国财政部海外资产控制办公室（OFAC）	加密货币交易所 Kraken 违反美国针对伊朗的制裁要求，在 2015 年 10 月至 2019 年 6 月期间未能及时实施可以识别用户位置的工具（如互联网协议地址屏蔽系统）以阻止伊朗用户访问 Kraken 平台，导致价值超过 168 万美元的交易发生，因此对其处 36.2 万美元的罚款。根据 OFAC 的调查，Kraken 有一个制裁和反洗钱合规项目，包括在用户注册时和注册后每天对其 IP 地址信息进行筛查，以防止受制裁地区的用户开户。然而，Kraken 未能对其平台上的交易活动设置 IP 地址屏蔽
2022 年 11 月	美国	Google 已同意与全美 40 州达成总计 3.915 亿美元的和解协议，以结束针对 Google 长期追踪用户位置、涉嫌侵犯用户隐私的调查。和解金额也是美国历史上最大的涉及多州的隐私和解协议金额。同时，Google 还同意向用户提供更加透明的位置跟踪提示，包括用户在打开和关闭位置账户设置时显示更多信息，并向用户提供 Google 收集的有关数据信息等

---

① 数据来源于 InfoQ 技术实验室。

续表

时间	处罚机构	事件
2022 年 6 月	加拿大	加拿大金融服务企业 Desjardins 集团与多名原告就数据泄露集体诉讼案达成庭外和解。Desjardins 将为此支付约 1.55 亿美元。法庭文件披露，Desjardins 在 2019 年 6 月 20 日对外披露，其一名前雇员在两年多的时间里，窃取了 420 万名成员和客户的姓名、出生日期、社会保险号码，以及他们的交易习惯，并在暗网市场和其他网络犯罪论坛上出售
2022 年 5 月	英国数据监管机构信息专员办公室（ICO）	人脸识别公司 Clearview AI 违法从 Facebook 等社交媒体和网络搜索中收集人物图像并添加到其全球数据库中，被处以 750 万英镑的罚款，并被要求从数据库中删除英国居民的数据。根据统计，Clearview AI 从各种网站和社交媒体平台收集了包括英国在内的世界各地的人物图像，创建了一个包含 200 多亿张图像的数据库。该公司不仅能识别这些人，而且能有效监控他们的行为
2021 年 5 月	西班牙数据保护局（AEPD）	Google 在未经授权的情况下，向第三方转移个人数据并妨碍用户行使删除权，被 AEPD 依据 GDPR 第 6 条和第 17 条处以 1000 万欧元的罚款。Google 作为数据的控制者，需在美国对用户的个人数据进行分析处理。但是 AEPD 发现 Google 在向第三方 Lumen Project 传输数据时，向其发送了 Lumen 索要的包括个人身份、E-mail、给出的原因以及 URL 地址等在内的个人数据。AEPD 认为，以上个人数据被转移到另一个可公开访问的数据库中，并可通过网站传播，导致"行使删除权的目的在实践中受到挫折"
2021 年 2 月	意大利反垄断监管机构（AGCM）	因 Facebook 没有按照要求告知用户如何使用个人数据，在个人数据处理上对用户存在误导，决定对其处以 700 万欧元（约 848 万美元）罚款
2021 年 1 月	挪威数据保护局	在线交友软件 Grindr 为了营销目的，在没有经过用户充分同意的情况下，向 Twitter 的 MoPub 平台等第三方广告商共享包括 GPS 位置、用户档案等在内的用户个人数据，被 GDPR 处以 1150 万美元罚款。Grindr 拥有 1370 万活跃用户，本次罚款约占其年营业额的 11%
2021 年 1 月	德国下萨克森州数据保护机构	德国电商 NBB 被指控在没有合法手续的情况下，在工作场所、仓库和公共区域安装摄像头对其员工进行了两年多的视频监控，依据 GDPR 的要求，向德国电商 NBB 处以 1040 万欧元罚款

IBM Security 的《2022 年数据泄露成本报告》显示，2021~2022 年，全球数据泄露的平均成本创历史新高。虽然数据泄露有关的财务成本较高，但

其对于企业的实际影响显然还要更深，包括声誉损失、法律责任以及消费者的信任损失等。基于此，Security（网络安全领域电子杂志）总结了 2022 年最严重的十大数据泄露事件（见表 3-4）。

表 3-4　2022 年全球十大数据泄露事件

事件名称	事件内容
SuperVPN、Gecko VPN 和 ChatVPN 数据泄露	涉及几个广泛使用的 Android VPN 服务供应商，导致 2100 万用户的信息泄露。这些信息包括用户全名、用户名、国家名称、账单明细、电子邮件地址和随机生成的密字字符串
哥斯达黎加政府数据泄露	在一次备受瞩目的网络攻击中，Conti 勒索软件团伙入侵了哥斯达黎加政府系统，窃取了具有极高价值的数据，并索要 2000 万美元，迫使国家宣布进入紧急状态。数周后，共有 670GB 的数据（占访问数据的 90%）被发布到泄露站点
Neopets 数据泄露	Neopets（游戏网站）6900 万用户账户信息的数据库遭公开发售。数据库可用信息包括姓名、电子邮件地址、邮政编码、性别和出生日期等。调查发现攻击者在 2021 年 1 月 3 日至 2022 年 7 月 19 日曾多次访问 Neopets 的 IT 系统
Twitter 数据泄露	Twitter 网站上 540 万个账户的电话号码和电子邮件地址遭泄露。这些数据是在 2021 年 12 月通过漏洞赏金计划中披露的 Twitter API 漏洞收集的，该漏洞允许人们将电话号码和电子邮件地址提交到 API 中检索相关的 Twitter ID。使用这些 ID，黑客得以检索有关账户的公共信息，以创建包含私人和公共信息的用户记录
Uber 数据泄露	当时 Uber 面临十分严重的安全漏洞。根据美国司法部（DOJ）的说法，Uber 前首席安全官 Joe Sullivan 采取了多项措施以防止美国联邦贸易委员会（FTC）发现数据泄露情况，并向黑客支付了 10 万美元赎金换取他们的保密协议，确保信息不被公开。最终 Joe Sullivan 因隐瞒此次攻击事件而被判有罪——这是企业高管首次因与数据泄露有关的指控而面临刑事诉讼
Twilio 数据泄露	美国通信巨头 Twilio2022 年 8 月证实，网络犯罪分子在一次网络钓鱼攻击后访问了 125 名客户的数据。攻击者伪装成 IT 部门的工作人员，诱骗公司员工交出登录凭证。现任和前任员工报告说，他们曾收到自称来自 IT 部门的短信，称员工的密码已经过期、日程已更改，要求员工登录被攻击者控制的 URL。在约 27 万总客户群中的 209 名客户、7500 万总用户中的 93 名 Authy 最终用户的账户受到了此次事件的影响。Twilio 还表示，没有证据表明恶意行为者访问了 Twilio 客户的控制台账户凭据、身份验证令牌或 API 密钥

事件名称	事件内容
DoorDash 数据泄露	2022 年 8 月，外卖巨头 DoorDash 证实其 490 万客户、员工和商家的个人信息遭到泄露。DoorDash 表示，攻击者访问了 DoorDash 客户的姓名、送货地址、电子邮件地址和电话号码。黑客还获取了"一小部分"用户的支付卡信息（包括银行卡类型和卡号后四位数字）
Optus 数据泄露	2022 年 9 月，拥有 970 万用户的澳大利亚电信公司 Optus 遭遇大规模数据泄露，涉及用户姓名、出生日期、电话号码和电子邮件地址等信息。还有一群客户的实际地址和个人身份信息（例如驾驶执照和护照号码）可能已泄露。多份报道称，是由国家支持的黑客或犯罪组织突破了该公司的防火墙，获取了敏感信息
LAUSD 数据泄露	由于美国第二大学区——洛杉矶联合学区（LAUSD）未能在 2022 年 10 月 4 日之前支付赎金，俄语黑客组织 Vice Society 泄露了该学区 500GB 信息。这些数据包括护照详细信息、社会安全号码和纳税表格、联系方式、法律文件、包含银行账户信息的财务报告、健康信息、定罪报告和学生的心理评估等个人身份信息
Medibank 数据泄露	澳大利亚最大的健康保险提供商之一的 Medibank Private 证实，970 万新老客户（包括 180 万名国际客户）的数据已被未经授权访问。但 Medibank 称不会支付赎金，并认为，通过支付赎金来确保黑客归还并防止其公布客户数据的可能性非常有限

第二节　国内数据合规监管现状

我国数据合规监管总体有三大特点：一是数据合规监管具有综合性。我国法律规定，企业不仅要保护数据本身的安全，还应承担保护网络运营安全的义务。在网络数据安全方面，公司在存储数据以及与第三方进行数据交互时，要能够保证整体数据的安全。在网络运营安全方面，公司要保证数据在通过网络进行相应流转过程中（即数据全生命周期）的安全可控。二是数据合规监管具有创新性。我国提出的"网络安全等级保护制度""关键性基础设施""重要数据""国家核心数据"等概念，都是我国立法机关结合国情首创的数据保护新思路。三是我国数据合规监管具有多层级性。我国的数据保护体系是以多层级的法律法规、规范性法律文件、部门规章以及国家标准共同建立的①。

按立法机构位阶的不同，我国数据保护立法可分为四个层级。最高层级是由全国人大及其常务委员会制定的法律，如《刑法》、《民法典》、《网络安全法》、《数据安全法》、《个人信息保护法》、《中华人民共和国电子商务法》（以下简称《电子商务法》）、《中华人民共和国消费者权益保护法》（以下简称《消费者权益保护法》）等。第二层级是国务院制定的行政法规。目前涉及的行政法规有《征信业管理条例》《关键信息基础设施安全保护条例》《网络数据安全管理条例（征求意见稿）》《网络安全等级保护条例（征求意见稿）》等。第三层级是由公安部、市场监管总局、工信部、国家保密局、司法机构等部委制定的部门规章。涉及的部门规章有《儿童个人信息网络保护规定》《网络交易监督管理办法》《网络安全审查办法》等。随着《数据安全法》《个人信息保护法》的正式出台，下位支持性文件的部门规章和规范性文件也会层出不穷。第四层级是由全国信息安全标准化技术委员会、国家标准化管理委员会、国家认证认可监督管理委员会等制定的技术规范及国家标准，另外，中国信息通信研究院以及部分第三方机构也会制定一些行业标准。

总体来看，我国立法情况主要为机构层级较多，立法较分散，以下位阶支撑上位阶居多。但随着上位法的频频出台，数据合规领域立法体系逐渐趋于完善与系统化，许多技术规范及国家标准的规定将以具有强制执行力的法律法规作为支撑在业内推广、执行，有关监管部门对于违法违规行为也可依据相关法律规定进行相应的处罚。

---

① 孟洁．数据合规入门、实战与进阶［M］．北京：机械工业出版社，2022．

一、国内数据保护立法情况

"十四五"规划提出加强网络安全保护的重要课题，国家大力推动大数据应用、数据要素化、公共数据开放利用，同时，加强重要领域数据资源、重要网络和信息系统安全保障。随着数据保护工作不断深入，重要立法逐次落地，执法工作不断强化，数据合规体系从法律、行政法规、部门规章、国家标准逐级搭建，数据合规的规范性文件构建起我国数据合规法律体系，实现数据保护要求的层层递进，逐步落实。

（一）法律

法律主要包括《民法典》、《刑法》、《中华人民共和国国家安全法》（以下简称《国家安全法》）。民事法律、刑事法律主要通过立法解释、司法解释的形式细化和落地。

1.《民法典》

《民法典》是中华人民共和国第一部以法典命名的法律，于2021年1月1日起生效施行，在法律体系中居于基础性地位。《民法典》第111条规定：自然人的个人信息受法律保护。任何组织或者个人需要获取他人个人信息的，应当依法取得并确保信息安全，不得非法收集、使用、加工、传输他人个人信息，不得非法买卖、提供或者公开他人个人信息。《民法典》确立了个人信息在民事法律体系中的法律定位，而个人信息保护是数据合规体系的重要组成部分，《民法典》是数字时代我国隐私权与个人信息保护的法律基础。

2.《刑法》

《刑法》是追究犯罪行为人法律责任的法律，通过陆续出台的《刑法》修正案适应随时代发展出现的立法新要求。2009年出台的《刑法修正案（七）》，标志着个人数据开始受到《刑法》保护，2020年出台的《刑法修正案（十一）》规定，篡改、销毁重大伤亡事故相关数据的，应承担刑事责任。《刑法》作为数据合规的基础性法律之一，确定了违反相关法律的刑事责任，从而为数据合规的刑事责任确定了标准。其中，与数据合规相关性最为紧密的刑事罪名包括：破坏计算机信息系统安全罪、拒不履行信息网络安全管理义务罪和侵犯公民个人信息罪。

3. 《国家安全法》

随着信息技术的发展，网络空间成为信息和数据收集、存储、传输、利用的重要领域。围绕着网络空间安全和数据安全的国家安全和国家发展利益的博弈也日趋激烈，网络空间安全和数据安全成为国家安全的重要领域。对于网络与数据安全问题，《国家安全法》第 25 条做了概括性的规定：国家建设网络与信息安全保障体系，提升网络与信息安全保护能力，加强网络和信息技术的创新研究和开发应用，实现网络和信息核心技术、关键基础设施和重要领域信息系统及数据的安全可控；加强网络管理，防范、制止和依法惩治网络攻击、网络入侵、网络窃密、散布违法有害信息等网络违法犯罪行为，维护国家网络空间主权、安全和发展利益。同时，《国家安全法》还确立了网络信息技术和服务的安全审查机制，通过安全审查，预防和化解国家安全风险。

4. 三大专门法律

《网络安全法》《数据安全法》和《个人信息保护法》三驾马车共同构成了中国网络安全与数据保护安全监管的法律基础，从行政监管角度规范了网络安全、数据安全和个人信息保护。其中，2017 年 6 月起施行的《网络安全法》以及相关配套法律的落地，搭建起我国网络安全的基本保障框架；2021 年 9 月实施的《数据安全法》确立了数据安全保护管理的基本制度；2021 年 11 月起实施的《个人信息保护法》弥补了个人隐私立法缺位的现状。这三部法律既有互补，又有交叉，构成了网络安全合规与数据合规的基础框架、原则和规则，如图 3-1 和表 3-5 所示。

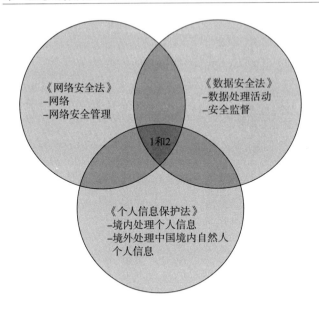

图 3-1 三大专门法律关系

表 3-5 三大专门法律比较

类别	《网络安全法》	《数据安全法》	《个人信息保护法》
适用范围	在境内建设、运营、维护和使用网络，以及网络安全的监督管理	在境内开展数据处理活动及其安全监管；在境外开展数据处理活动，损害国家安全、公共利益或者公民、组织合法权益的	自然人的个人信息受法律保护。在境内处理自然人个人信息的活动、在境外处理境内自然人个人信息的活动，包括：①以向境内自然人提供产品或服务为目的；②分析、评估境内自然人的行为情形之一的
立法目的	保障网络安全，维护网络空间主权和国家安全、社会公共利益，保护公民、法人和其他组织的合法权益，促进经济社会信息化健康发展	规范数据处理活动，保障数据安全，促进数据开发利用，保护个人、组织的合法权益，维护国家主权、安全和发展利益	保护个人信息权益，规范个人信息处理活动，促进个人信息合理利用。侧重于个人信息及与此相关的人格权保护
保护客体	网络运行、网络信息	数据	个人信息
处理原则	合法、正当、必要	合法、正当	合法、正当、必要、诚信、公开、透明等

续表

类别	《网络安全法》	《数据安全法》	《个人信息保护法》
向他人提供	未经被收集者同意不得向他人提供	对向他人提供没有规定，但从事数据处理服务应得到行政许可	提前向个人告知接收者的名称或姓名、联系方式、处理目的、处理方式、个人信息的种类并取得个人单独同意。接收方变更原先的处理目的、处理方式的，应依照本法规定重新取得个人同意
保护制度	经营者有防止个人信息泄露和毁损丢失的义务	实行数据安全负责人制度	个人信息处理者应对个人信息处理采取保障措施
信息境外传输	原则上境内储存，需向境外提供的，进行安全评估。非经批准不得向境外司法和执法机关提供	对于关键信息出境实行安全评估，一般数据适用其他规定	向境外提供，需提前告知并取得个人同意；关键和基础信息应通过安全评估，经过专业机构信息保护认证，采用网信部门制定的标准合同

（二）法规

行政法律主要通过法规的形式细化和落地。法规包含行政法规、地方性法规和规章。

1. 行政法规

行政法规作为法律的重要配套部分，承担着对法律予以细化、落地的作用。2018 年公安部发布的《网络安全等级保护条例（征求意见稿）》是《网络安全法》的重要配套规定。主要内容包括网络安全等级保护的一般原则、主管部门、网络的安全保护、涉密网络的安全保护、密码管理等。国务院 2021 年 9 月实施的《关键信息基础设施安全保护条例》补充细化了《网络安全法》中"关键信息基础设施的运行安全"内容，为我国深入开展关键信息基础设施安全保护工作提供有力保障。明确了各部门的职责分工、关键信息基础设施的认定、关键信息基础设施运营者的义务和重要数据出境等问题；2021 年 11 月国家互联网信息办公室（以下简称国家网信办）起草《网络数据安全管理条例（征求意见稿）》，以三大上位法为依据，旨在进一步增强我国数据安全法律体系的完备性和可操作性，并进一步落实《网络安全法》《数据安全法》《个人信息保护法》等法律法规中提出的数据安全制度，明确了实施路径，细化了原则性要求，补充了重要数据处理者一系列的配套义务，强化了问责制度的落实；该条例相较于前几次规定最大的不同是对国内相关企业提出了一系列合规要求，共分为九章75条，涵盖了数据安全、个人信息保护、数据跨境、网络平台、监督管理等内容。

2. 地方性法规和规章

地方性法规主要集中在数据开发利用、公共数据开放与共享、数据交易三个方面。在数据开发利用方面，包括我国首部地方性大数据法规《贵州省大数据发展应用促进条例》、天津市颁布实施的《天津市促进大数据发展应用条例》等。在公共数据开放与共享方面，包括《贵阳市政府数据共享开放条例》以及北京、上海、重庆、广西等地出台的公共数据管理立法。其中，深圳市颁布的《深圳经济特区数据条例（征求意见稿）》先试先行，首次提出"数据权益"的概念，并提出"公共数据"开放。在数据交易方面，《天津市数据交易管理暂行办法（征求意见稿）》为国内首部专门针对数据交易的地方性立法。部分地方性法规和规章汇总如表3-6所示。

表3-6 部分地方性法规和规章

施行时间	地域	法规或规章	亮点
2016年3月	贵州	《贵州省大数据发展应用促进条例》	我国首部大数据地方法规，将大数据产业纳入法治轨道
2020年7月	天津	《天津市数据交易管理暂行办法（征求意见稿）》	国内首部地方公布的专门针对数据交易的政府文件，对数据交易主体需满足的条件、可交易的数据类型、如何确保数据交易安全进行了规定
2022年1月	深圳	《深圳经济特区数据条例》	率先提出了"数据权益"的概念。一是首次在立法层面对数据权益进行确认，明确自然人对个人数据享有人格权益，自然人、法人和非法人组织对其合法处理数据形成的数据产品和服务享有财产权益。二是在认可数据财产权益以及国家推动建立数据要素市场的大背景下，对数据交易制度进行了探索，明确规定合法处理形成的数据产品和服务可依法交易，从而更好地实现数据要素价值。三是鉴于目前数据领域维权困难现状，以地方立法形式首次提出数据领域的公益诉讼制度

续表

施行时间	地域	法规或规章	亮点
2022 年 3 月	浙江	《浙江省电子商务条例》	对电子商务新业态予以监管
2022 年 1 月	山东	《山东省大数据发展促进条例》	界定公共数据和非公共数据
2022 年 1 月	上海	《上海市数据条例》	明确交易主体享有数据财产权，确立数据交易价格自定+评估原则
2023 年 1 月	厦门	《厦门经济特区数据条例》	聚焦数据流通利用、数据安全管理、数据权益保护三大环节，在满足安全要求的前提下，将对公共数据授权运营、数据要素市场培育发展等进行必要探索，赋能数字经济和社会发展

（三）部门规章及规范性文件

在相关部门规章方面，为落实《网络安全法》关于关键信息基础设施安全审查的相关规定，国家网信办、发展改革委、工信部等 12 个部门联合颁布了《网络安全审查办法》。2019 年 5 月国家网信办发布的《数据安全管理办法（征求意见稿）》是为落实重要数据保护的一次重要尝试。国家网信办发布的《儿童个人信息网络保护规定》《个人信息出境安全评估办法》，对儿童个人信息保护和个人信息出境方面做出了明确规定。

基于行业特殊性，部分行业也出台了本行业的数据保护规章。已发布实施的部分部门规章及相关规范性文件如表 3-7 所示。

表 3-7　部门规章及规范性文件

年份	发布部门	文件名称
2018	国务院办公厅	《科学数据管理办法》
2019	国家网信办、发展改革委、工信部、财政部	《云计算服务安全评估办法》
2019	国家网信办	《儿童个人信息网络保护规定》
2019	国家网信办秘书局、工信部办公厅、公安部办公厅、国家市场监管总局办公厅	《App 违法违规收集使用个人信息行为认定方法》
2020	国家网信办、文化和旅游部、国家广电总局	《网络音视频信息服务管理规定》

续表

年份	发布部门	文件名称
2020	国家网信办	《网络信息内容生态治理规定》
2020	工信部办公厅	《工业数据分类分级指南（试行）》
2020	中国银行保险监督管理委员会	《中国银保监会监管数据安全管理办法（试行）》
2021	国家网信办秘书局、工信部办公厅、公安部办公厅、国家市场监管总局办公厅	《常见类型移动互联网应用程序必要个人信息范围规定》
2021	国家医疗保障局	《关于加强网络安全和数据保护工作的指导意见》
2021	国家网信办、发展改革委、工信部、公安部、交通运输部	《汽车数据安全管理若干规定（试行）》
2021	国家网信办	《互联网用户公众账号信息服务管理规定》
2022	国家网信办、发展改革委、工信部、公安部等	《网络安全审查办法》
2022	国家网信办、工信部、公安部、国家市场监管总局	《互联网信息服务算法推荐管理规定》
2022	工信部	《工业和信息化领域数据安全管理办法（试行）》

（四）国家标准

对于国家标准的效力问题，多数企业会认为国家标准仅是推荐性标准，并不具备法律的强制执行效力，即使不按该标准执行，也不会受到处罚。通过综合 2018~2021 年的执法案例可以发现，许多违规情形在国家标准中都已明确规定。我国目前在数据保护方面的立法相对缓慢，而现有法律法规多以概况性的表述居多。因此，与国际接轨的标准会先于法律出台，且为了支撑法律法规的表述或者为新法的出台做铺垫，国家标准会在法律法规既定的基调之下细化法规表述、明确具体的违规场景。因此，执法机关在执法时也会将相应的标准作为重要的参考依据，企业应当予以密切关注并熟悉相关重要标准，在条件允许的情况下，按标准要求做好内部合规工作。

数据合规相关的国家标准尽管多为推荐性标准，但在近年监管机关的多项执法活动中，已成为实践监管中的事实裁量标准。据不完全统计，生效以及征求意见稿的标准约 200 份，数量多且内容覆盖广泛，涉及网络安全等级、关键信息基础设施、重要数据、个人信息等（见表3-8）。

表3-8　数据合规重要标准及指南（部分）

标准		指南
信息安全等级		《信息安全技术 网络安全等级保护基本要求》（GB/T 22239-2019）
		《信息安全技术 网络安全等级保护测评要求》（GB/T 28448-2019）
		《信息安全技术 网络安全等级保护安全设计技术要求》（GB/T 25070-2019）
		《信息安全技术 网络安全等级保护定级指南》（GB/T 22240-2020）
		《信息安全技术 网络安全等级保护实施指南》（GB/T 25058-2019）
生物信息		《信息安全技术 移动智能终端个人信息保护技术要求》（GB/T 34978-2017）
		《公共安全 人脸识别应用 图像技术要求》（GB/T 35678-2017）
		《信息技术 生物特征样本质量》
关键信息基础设施		《信息安全技术 关键信息基础设施边界确定方法（征求意见稿）》
		《信息安全技术 关键信息基础设施安全防护能力评价方法（征求意见稿）》
		《信息安全技术 关键信息基础设施安全检查评估指南（征求意见稿）》
		《信息安全技术 关键信息基础设施安全保障评价指标体系》
		《信息安全技术 关键信息基础设施安全控制措施（征求意见稿）》
		《信息安全技术 关键信息基础设施安全保护要求》（GB/T 39204-2022）
重要数据		《信息安全技术 数据出境安全评估指南（征求意见稿）》
个人信息	一般个人信息	《信息安全技术 个人信息安全规范》（GB/T 35273-2020）
		《信息安全技术 个人信息安全影响评估指南》（GB/T 39335-2020）
		《信息安全技术 个人信息去标识化指南》（GB/T 37964-2019）
		《信息安全技术 个人信息告知同意指南（征求意见稿）》
		《信息安全技术 个人信息安全工程指南》（GB/T 41817-2022）
		《信息技术 安全技术 生物特征识别信息的保护要求（征求意见稿）》
		《互联网个人信息安全保护指南》
	移动互联网应用个人信息和特殊行业个人信息	《金融分布式账本技术安全规范》（JR/T 0184-2020）
		《个人金融信息保护技术规范》（JR/T 0171-2020）
		《金融数据安全 数据安全分级指南》（JR/T 0197-2020）
		《信息安全技术 健康医疗数据安全指南》（GB/T 39725-2020）
金融数据		《个人金融信息保护技术规范》（JR/T 0171-2020）
		《网上银行系统信息安全通用规范》（JR/T 0068-2020）
		《征信机构信息安全规范》（JR/T 0117-2014）
		《信息安全技术 金融信息服务安全规范》（GB/T 36618-2018）
医疗数据		《信息安全技术 健康医疗数据安全指南》（GB/T 39725-2020）

标准	指南
云计算服务	《信息安全技术 云计算服务安全能力评估方法》（GB/T 34942-2017） 《信息安全技术 云计算服务安全指南》（GB/T 31167-2023） 《信息安全技术 云计算服务运行监管框架》（GB/T 37972-2019）

（五）征求意见稿

除上述生效法律法规外，近年来涌现大量征求意见稿，体现了愈加严格的监管趋势。2017~2022 年征求意见稿如表 3-9 所示。

表 3-9　2017~2022 年征求意见稿

年份	发布部门	文件名称
2017	国家网信办	《个人信息和重要数据出境安全评估办法（征求意见稿）》
2017	信安标委秘书处	《信息安全技术 大数据安全管理指南（征求意见稿）》
2017	信安标委秘书处	《信息安全技术 数据出境安全评估指南（征求意见稿）》
2018	公安部	《网络安全等级保护条例（征求意见稿）》
2019	国家网信办	《个人信息出境安全评估办法（征求意见稿）》
2019	国家网信办	《数据安全管理办法（征求意见稿）》
2020	信安标委秘书处	《信息安全技术 网络预约汽车服务数据安全指南（征求意见稿）》
2020	信安标委秘书处	《信息安全技术 网络数据处理安全规范（征求意见稿）》
2020	信安标委秘书处	《信息安全技术 可信执行环境服务规范（征求意见稿）》
2020	信安标委秘书处	《信息安全技术 关键信息基础设施边界确定方法（征求意见稿）》
2020	信安标委秘书处	《信息安全技术 关键信息基础设施安全防护能力评价方法（征求意见稿）》
2020	信安标委秘书处	《信息安全技术 关键信息基础设施安全检查评估指南（征求意见稿）》
2020	信安标委秘书处	《信息安全技术 个人信息告知同意指南（征求意见稿）》
2021	工信部	《工业和信息化领域数据安全管理办法（试行）（征求意见稿）》
2021	国家网信办	《互联网信息服务管理办法（修订草案征求意见稿）》
2021	工信部	《车联网（智能网联汽车）网络安全标准体系建设指南（征求意见稿）》
2021	信安标委秘书处	《信息安全技术 网络安全信息共享指南（征求意见稿）》

续表

年份	发布部门	文件名称
2021	信安标委秘书处	《信息安全技术 移动互联网应用程序（App）SDK 安全指南（征求意见稿）》
2021	信安标委秘书处	《信息安全技术 网上购物服务数据安全指南（征求意见稿）》
2021	信安标委秘书处	《信息安全技术 网络支付服务数据安全指南（征求意见稿）》
2021	信安标委秘书处	《信息安全技术 网络音视频服务数据安全指南（征求意见稿）》
2021	信安标委秘书处	《信息安全技术 区块链信息服务安全规范（征求意见稿）》
2021	信安标委秘书处	《信息安全技术 快递物流服务数据安全指南（征求意见稿）》
2021	信安标委秘书处	《信息安全技术 即时通信服务数据安全指南（征求意见稿）》
2021	信安标委秘书处	《信息安全技术 信息安全事件分类分级指南（征求意见稿）》
2021	国家市场监管总局、国标委	《信息安全技术 声纹识别数据安全要求（征求意见稿）》
2021	信安标委秘书处	《信息安全技术 人脸识别数据安全要求（征求意见稿）》
2021	信安标委秘书处	《信息安全技术 个人信息去标识化效果分级评估规范（征求意见稿）》
2022	国家网信办	《移动互联网应用程序信息服务管理规定（征求意见稿）》

注：全国信息安全标准化技术委员会秘书处，简称信安标委秘书处。

（六）数据合规指引

1. 上海市杨浦检察院《企业数据合规指引》

2022 年 1 月，上海市杨浦检察院联合多部门发布国内首份《企业数据合规指引》。该指引全文共 38 条，按照合规架构与风险识别处理的逻辑划分为六章，主要对企业的数据合规管理架构与风险识别处理规范做出了规定，包括数据合规管理体系、数据风险识别、数据风险评估与处置、数据合规运行与保障等内容，督促企业对数据进行合规管理，有效惩治预防数据违法犯罪。该指引鼓励由董事会直接设立企业合规部门，下设数据合规管理部门。企业最高管理者作为数据合规的第一责任人，需确保将数据合规落实情况和效果纳入人员绩效考核体系，同时，企业应向数据合规管理部门负责人提供足够的授权、人力、财力来支持数据合规管理体系的运行。

企业在制订合规计划的时候应当全面识别所面临的数据风险，根据这些风险来制订和完善合规计划。该指引列举了常见的数据风险，如数据处理者开展可能影响国家安全的数据处理活动，应按照国家有关规定，申报网络安全审查；数据处理者处理个人信息，应依据《个人信息保护法》的规定遵守八项规则，并在特定情况下删除个人信息或者进行匿名化处理等。

该指引特别对数据刑事风险进行提示。数据处理者在数据处理活动中可能因为存在某些行为被追究侵犯公民个人信息罪、破坏计算机信息系统罪、非法入侵计算机信息系统罪等刑事责任。该指引还明确要求，数据处理者利用生物特征进行个人身份认证的，应当对必要性、安全性进行风险评估，不得强制个人同意收集人脸、步态、指纹、虹膜、声纹等生物特征信息。

2. 上海市浦东新区检察院《浦东新区人工智能企业数据安全和算法合规指引（试行）》①

2022 年 9 月，上海市浦东新区检察院牵头，与浦东新区工商联、人工智能行业指导部门、行业协会以及专业机构共同编制《浦东新区人工智能企业数据安全和算法合规指引（试行）》，加快推动人工智能企业加强数据安全和算法合规管理，规范企业数据处理活动和算法研发应用，有效惩治和预防数据违法犯罪，营造法治化营商环境，助力浦东新区实施重点产业高质量发展行动计划，加快打造人工智能世界级产业集群，更好地服务保障浦东引领区建设。该指引包含了企业数据合规组织机构建设、数据安全制度建设、数据全生命周期安全管理、算法合规制度建设、数据合规风险评估体系等内容，适用于上海市浦东新区人工智能企业，以及其他从事数据收集、处理和算法研发应用的相关企业。

该指引具有三个方面的特点：一是首次将算法合规纳入数据合规体系中，进一步完善了数据合规的管理体系。对于人工智能企业的算法公开、算法评估、反垄断和反不正当竞争、防范算法歧视等方面，均做出了相关规定与要

---

① 陈颖婷. 为人工智能技术健康发展保驾护航［N］. 上海法治报，2022-09-07（A02）.

求。同时，提倡企业强化责任意识，主动担负算法应用结果主体责任，提供算法推荐服务，具有舆论属性或社会动员能力的应当进行互联网信息服务算法备案。二是进一步扩大了数据保护的范围。以往的数据合规指引往往侧重于个人信息保护，该指引则将保护范围由公民个人信息拓展到其他领域的重要信息与核心信息，更注重数据合规的完整性。三是创新性地引入数据合规的评价体系。通过外部评估与自评估两种方式相结合，帮助人工智能企业更好地发现数据合规管理中存在的问题，从而预防数据合规风险。

3.《广州市国资委监管企业数据安全合规管理指南（试行 2021 年版）》

2021 年 12 月，广州市国资委印发了《广州市国资委监管企业数据安全合规管理指南（试行 2021 年版）》，旨在加快推动广州市国资委监管企业全面加强合规管理，规范企业数据处理活动，保障数据安全，保护个人、组织的合法权益。

该指南共九章 58 条，主要有十大亮点：一是成为地方国资监管部门首部针对数据合规专项领域的合规操作指南。对于数据安全合规管理相关的定义、概念，均与目前最新的立法成果保持一致，使得该指南成为地方国资监管机构首部针对数据安全合规专项领域的合规操作指导性文件。二是将数据安全合规管理要求纳入现有合规管理组织体系。为确保数据安全合规管理体系落实、落地，避免重复建设，将数据安全合规管理作为监管企业合规管理体系的专项重点领域，纳入现有合规管理体系进行专项深化管理。三是划分了数据安全合规管理的三道防线。明确了三道防线的相关责任部门范围，并确定了各责任部门的职能。四是明确了数据分类分级管控标准和管控要求。要求监管企业根据所属行业相关标准对核心业务数据进行分类分级，并通过技术手段落实安全管理要求，定期对新增数据进行梳理，确保所有数据分类及分级管控。同时，应根据相关法律法规或行业标准的变化，及时更新企业内部数据分类分级的相关标准。五是将重大数据安全合规事项纳入"三重一大"事项并实施清单管理。关系国家安全、国民经济安全、重要民生、重大公共利益等数据需要实施清单管理；对于涉及国家保密范围的产业规划、战略规划、重大项目、核心技术等数据的交易、出境及共享等业务，应列入企业"三重一大"事项进行管理。六是引入了数据安全风险评估机制。要求监管企业定期对企业本部及下属各级全资、控股和实际控制子企业的数据安全风险进行全面评估，根据评估结果可以采取差异化管控措施。七是重视对数据的全生命周期管理。要求监管企业在数据安全合规管理过程中，对数据采集、数据传输、数据储存、数据使用、数据开放共享、数据销毁等数据全生命周期管理的要素，制定必要的管控措施及标准，防范数据处理的违规风险，确保数据安全合规。八是加强与商业伙伴合作中的数据保护。要求监管企业加强及规范与商业伙伴合作中的数据安全管理，明确合作方准入、日常管理、数据安全评估、变更及退出等环节的合规管理要求。九是强化个人信息保护。要求监管企业进一步规范和完善个人信息保护机制，加强对企业员工、访客个人信息的保护。特别是在个人信息分类、个人信息获取、个人信息储存、个人信息使用及处理等管理过程中，按法律法规建立相关标准及规范，并满足相关管理要求。十是强化责任监督。重视消除风险隐患、防患未然。对发现数据处理活动存在较大安全风险的，可按照规定的权限和程序对有关企业、个人进行约谈，并要求有关企业、个人采取措施进行整改，消除隐患；同时，对于企业或员工违反法律、行政法规规定，未履行数据安全保护义务、向境外提供重要数据、拒不配合数据调取、未经主管机关批准向外国司法或执法机构提供数据的，依法承担相应法律责任。

二、国内数据保护执法情况[①]

国家颁布并实施《网络安全法》《数据安全法》《个人信息保护法》，基本确立了我国网络、数据和个人信息这三大主题的安全保护基本立法框架，

---

① 北京德和衡律师事务所．中国上市公司数据合规案例研究报告（2018－2022）［EB/OL］．（2022－10－08）．http：//www.deheheng.com/Archives/IndexArchives/index/a-id/8926.html.

监管部门也在逐年增长的执法实践中积累了自己的执法经验，促成了近年来围绕数据保护开展的执法活动及配套司法诉讼案件逐步增长的态势。表3-10简述了部分有代表性的执法案例。

表3-10　国内典型数据保护执法案例

时间	典型案例	案情
2020年10月	上市公司数据治理典型问题与工信部重点查处事项	L公司"假冒上海迪士尼App违规收集个人信息"，依据《网络安全法》《中华人民共和国电信条例》《电信和互联网用户个人信息保护规定》等，按照《关于开展纵深推进APP侵害用户权益专项整治行动的通知》工作部署，工信部组织第三方检测机构对手机应用软件检查发现L科技开发的"上海迪士尼乐园"App存在违规收集个人信息的行为，未在规定的时间内完成整改。工信部表示，此次通报的App应在规定时间完成整改落实工作，同时，将对问题突出、有令不行、整改不彻底的相关企业，采取全面下架、停止接入、行政处罚以及纳入电信业务经营不良名单或失信名单等措施
2022年7月	证券业上市公司首单网络安全事件"双罚"案例	招商证券交易系统曾发生"交易页面无法成交，无法撤回"等系统故障。对此，深圳证监会指出，招商证券在网络安全事件中，存在系统设计与升级变更未经充分论证和测试，升级回退方案不完备等问题，反映出公司内部管理存在漏洞、权责分配机制不完善。上述行为违反了相关规定，决定对招商证券采取出具警示函的行政监管措施，同时强调公司应对相关问题进行全面整改，并对责任人员进行内部责任追究。本案例体现了证监会对证券业上市公司信息系统安全的监管要求。切实提升系统运维保障能力。一是压实主体责任。健全信息技术管理体系和处罚问责机制，督促公司"一把手"、首席信息官和关键技术岗位人员时刻绷紧信息系统安全这根弦，切实履职尽责，抓好机构安全运营。二是强化安全管理。三是加大技术保障。结合当前形势，加大信息技术投入，提升技术人员业务能力，保持核心技术人员稳定，做好应急值守安排
2018年4月	美团打车因相关信息数据未接入上海市行业监管平台被处罚	上海市交通委执法总队因美团打车平台数据未按要求接入行业监管平台、向不具备营运资质的驾驶员或者车辆提供服务、不正当低价竞争等违规行为向"美团打车"平台所属的"上海路团科技有限公司"开出了"美团打车"上线以来的第一张"责令改正通知书"。美团打车在运营过程中会收集顾客出行数据，出行数据可同时提供时间、空间以及身份等三元维度的信息数据积累，对未来撬动一些更广泛的行业场景有着战略意义。网约车持有大量出行数据，美团打车的案例说明，相关监管单位应从网约车平台一经上线就采取数据监管措施，网约车平台需积极配合相关单位监管，避免陷入被处罚境地

时间	典型案例	案情
2018 年 7 月	某公司因员工涉嫌侵犯公民个人信息罪，在新三板停牌①	联通合作商的两名员工将数据卖给济南北商经贸，北商经贸又卖给上市公司 SJT。SJT 从北商经贸购得的数据涉及全国 15 个省份联通机主的上网数据和偏好，包括手机号、姓名、上网数据、浏览网址等，均为原始未脱敏数据。SJT 员工在征得上级同意后进而出售给金时，金时再进行数据出售。SJT 共向金时交付包含公民个人信息的数据 60 余万条，涉及金额 70 万元。SJT 两名高管以侵犯公民个人信息罪分别判处三年和两年有期徒刑，同时导致公司在新三板停牌，次年恢复股票转让，当天股票价格下跌 84%。在这条数据售卖链中，联通作为数据控制者，经用户授权合法获取其个人信息，在没得到对外转让授权的情况下，不得向第三方提供个人信息，员工超越个人信息的授权范围和公司管理制度，擅自对外提供个人信息的行为已构成了侵犯公民个人信息罪；同时，作为接收个人信息的一方，不仅未能把控数据来源合法性，反而在明知数据系非法来源的基础上采买数据，本身也构成了侵犯公民个人信息的行为
2019 年 12 月	某公司涉嫌非法获取计算机信息系统数据罪，终止挂牌	某公司通过两个关联公司与运营商的合作关系，嵌入非法软件获取用户信息，用非法窃取的用户信息，操控用户账号进行微博、微信、QQ、抖音等社交平台的加粉、加群，用于互联网营销获利变现，犯罪手段新颖、隐蔽性强、社会危害性极大。导致多名员工被判刑，公司终止挂牌。具体表现为：其一，被告以关联公司作为合同主体与运营商建立合作关系，隐匿了被告，为被告的犯罪行为披上了保护膜；其二，被告关联公司在合作关系中私自加入非法软件，隐蔽性较强。但本案同样反映出运营商存在的问题，运营商作为数据提供者，其数据安全能力应当足以与其巨大的用户数据存量相匹配，而涉案运营商对其合作伙伴盗取信息行为一无所知，暴露出其数据安全能力堪忧、内控制度疏漏、数据监测与监控技术不完备等问题。上市公司应当引以为戒，以外部信息披露与内部合规控制互为助力，减少合规风险
2022 年 7 月	滴滴被处人民币 80.26 亿元罚款	根据网络安全审查结论及发现的问题和线索，国家网信办依法对滴滴涉嫌违法行为进行立案调查。经查实，滴滴违反《网络安全法》《数据安全法》《个人信息保护法》的违法违规行为事实清楚、证据确凿、情节严重、性质恶劣。对滴滴处人民币 80.26 亿元罚款，对滴滴 CEO 程维、总裁柳青各处 100 万元罚款。一是违法收集用户手机相册中的截图信息；二是过度收集用户剪切板信息、应用列表信息；三是过度收集乘客人脸识别信息、年龄段信息、职业信息、亲情关系信息、"家"和"公司"打车地址信息；四是过度收集乘客评价代驾服务时、App 后台运行时、手机连接桔视记录仪设备时的精准位置（经纬度）信息；五是过度收集司机学历信息，以明文形式存储司机身份证号信息；六是在未明确告知乘客情况下分析乘客出行意图信息、常驻城市信息、异地商务/异地旅游信息；七是在乘客使用顺风车服务时频繁索取无关的"电话权限"；八是未准确、清晰说明用户设备信息等 19 项个人信息处理目的

---

① 参见临沂市中级人民法院（2018）鲁 13 刑终 549 号刑事判决书。

三、数据合规监管趋势分析

数据在经济社会发展中起到越来越关键的作用，随着各国的数据保护立法与监管不断推进，主要趋势分析如下：

一是数据保护立法更加完善。与数据规范体系多元化的特点相适配，我国现行的数据监管体系亦呈现出多层次、全方位的格局。网信办居于监管体系内统筹协调的核心，统领互联网信息安全；工信部深耕社会民生的工业和信息化领域，旨在建立健全工业与电信行业数据安全机制；公安机关致力于打击侵害公民个人信息犯罪与计算机犯罪，维护社会正义与秩序；市场监督管理局则聚焦维护消费者合法权益，旨在合理规范网络服务提供者在交易过程中处理消费者个人信息的行为；App 专项治理工作组集中开展对互联网应用程序的评估工作，协助其他监管部门共同推进网络数据安全的治理。在数据合规和个人信息保护日趋重要的当下，多方监管不是九龙治水，而是握指成拳，最终形成执法合力。只有厘清不同监管机构的分工和职责，企业才能真正提高数据合规治理能力，实现从"被动整改"到"主动建设"的合规跨越。

二是数据保护规则由普适性向行业性转变。在数据保护法律基础上，特定领域的数据保护立法进一步细化，行业主管部门的监管不断加强。在金融、汽车、医疗健康、智能家居、人工智能等领域，根据数据处理场景中数据处理活动的复杂程度、风险等级、数据类型，行业主管部门正在逐步牵头制定相应规范文件，推动本行业的数据安全发展。

三是数据合规保护加快向个人隐私保护倾斜。各国不断加强数据合规的执法和惩处，我国也部署了一系列执法行动，如"净网行动"、互联网内容综合治理、App 违法违规收集使用个人信息专项治理等。此外，根据中央经济工作会议关于完善平台企业垄断认定相关工作要求，国家将进一步加强对平台数据的监管，规范数据收集使用管理，以及消费者权益保护，并促进具有公共属性的数据服务于公共利益。

第三节　国内外数据保护执法管辖

关于数据保护的执法管辖，国内外在管辖方式、管辖机构、管辖标准和权责方面存在较大差异，具体如表 3-11 所示。

表 3-11　国内外管辖对比

区域	管辖方式	管辖机构	管辖标准	权责
欧盟	单一机构管辖	欧洲数据保护委员会、各国数据保护局	数据保护局监督推动 GDPR 的实施，具有执法权	统一标准
中国	各部门多头管辖	公安部门、网信部门、工信部、全国信息安全标准化技术委员会、市场监督管理局、各部委、行业自律协会	网信部门（统筹和监督，行政执法权如查处处罚等目前尚未看到，核准出入境）；工信部门（监督权、行政执法权、标准制定）；全国信息安全标准化技术委员会（安全标准制定）；市场监督管理局（通过行政执法权维护消费者个人信息权益）；各部委（工业、电信、交通、金融、自然资源、卫生健康、教育、科技等领域的安全规划、安全监管）；行业自律协会（行业内自纠、自查）	各地有各地的尺度、特色，原来以工信部为主，后续网信办也将作为重点监管机构
美国	各部门多头管辖	美国联邦贸易委员会（FTC）、美国联邦通信委员会（FCC）、商务部、交通部、卫生与公共服务部（HHS）等	FTC 负责《联邦贸易委员会法》项下对隐私约定的违反，并对儿童网络隐私、商业电子邮件市场营销等方面开展立法和执法；FCC 负责对通信产业内的数据隐私安全进行监督；商务部对与国外的信息流通进行监管，并对行业自我规范进行执法监督；交通部对交通行业内的数据隐私安全进行监管；HHS 对医疗行业内的健康信息数据隐私安全进行监管等	各机构负责内容不一样，也会有重叠，目前以 FTC 执法力度最大

一、国际层面

在执法监管层面，主流模式依然可概括为欧盟模式和美国模式这两种。一种是以欧洲数据保护委员会（EDPB）为最上层数据保护监督执法机构，结合各国、各组织的数据保护局（DPA）作为中坚监督执法机构，确保GD-PR在欧盟全域适用的欧盟模式。另一种是各领域、多机构（如美国联邦贸易委员会、美国联邦通信委员会、美国商务部等）均有监督执法权，对各行业领域的数据保护进行监管的美国模式。这两种模式与两个主流法系（大陆法系和英美法系）的风格一脉相承。

（一）欧盟

作为个人数据保护领域立法最严格的欧盟，在执法监督领域对企业的处罚也相当严格。2018~2019年，欧盟的数据保护监督机构开出的罚单规模就超过1亿欧元，2020年，欧盟的数据保护监督机构开出的罚单规模超过1.7亿欧元。2021年，欧盟的数据保护监督机构更是依据GDPR开出了规模超过11亿欧元的罚单，其中卢森堡国家数据保护委员会（CNDP）成为迄今为止单笔GDPR罚款最高的处罚机构，对美国在线零售商亚马逊处以7.46亿欧元罚款。总体来看，欧盟境内数据保护机构对企业特别是头部企业的数据保护领域的调查和监管越来越严格、频繁，其效果也是显著的，各大面向欧洲市场的头部企业和欧盟本地企业均陆续做出积极反应，聘请专业团队搭建数据合规体系，积极更新隐私政策等，以应对欧盟数据保护当局的监督。

（二）美国

不同于欧盟的单一机构权力集中的执法，美国是典型的多头执法，由多个机构在不同领域负责各行业的数据保护执法工作。比如，美国联邦贸易委员会（FTC）负责处理《联邦贸易委员会法》项下对隐私约定的违反，并对儿童网络隐私、商业电子邮件市场营销等方面开展立法和执法；美国联邦通信委员会（FCC）负责对通信产业内的数据隐私安全进行监督；美国商务部对与国外的信息流通进行监管，并对行业自我规范进行执法监督；美国交通部对交通行业内的数据隐私安全进行监管；美国卫生与公共服务部（HHS）对医疗行业内的健康信息数据隐私安全进行监管等。

FTC 作为美国众多拥有数据保护监督执法权的机构之一，在数据保护执法力度上领先其他机构。比如，FTC 对 TIKTOK 罚款 570 万美金，要求其删除全部儿童视频，并禁止 13 岁以下儿童上传视频；FTC 对 Facebook 罚款 50 亿美元，其和司法部指控 Facebook 长期欺骗消费者使用"双重验证"登录机制，实际上将收集到的信息用于向这些用户定向投放广告。FTC 联合美国消费者金融保护局因 Equifax 涉及 1.43 亿消费者个人数据泄露事件，对其罚款逾 6 亿美元。FTC 因 YouTube 违规收集 13 岁以下儿童信息及向儿童推送定制化广告，对谷歌罚款 1.7 亿美元等。

二、国内层面

我国现行的数据监管体系亦呈现出多层次、全方位的格局，《数据安全法》与《个人信息保护法》所确定的数据活动监管主体分为三类：一是中央国家安全领导机构，负责国家数据安全工作的决策和议事协调。二是国家网信部门，负责统筹协调网络数据安全和相关监管工作，统领互联网信息安全。三是具体职能部门，既包括公安机关和国家安全机关这种按照法定职责履行数据活动监管的部门，也包括工业、电信、交通、金融、自然资源、卫生健康、教育、科技等行业主管部门。

（一）中央国家安全领导机构

《数据安全法》第五条规定，中央国家安全领导机构负责国家数据安全工作的决策和议事协调，研究制定、指导实施国家数据安全战略和有关重大方针政策，统筹协调国家数据安全的重大事项和重要工作，建立国家数据安全工作协调机制。《国家安全法》第五条也做了类似的规定，中央国家安全领导机构负责国家安全工作的决策和议事协调，研究制定、指导实施国家安全战略和有关重大方针政策，统筹协调国家安全重大事项和重要工作，推动国家安全法治建设。

（二）国家网信部门

《数据安全法》第六条规定，国家网信部门负责统筹协调网络数据安全和相关监管工作。第三十一条规定，关键信息基础设施的运营者在中华人民共和国境内运营中收集和产生的重要数据的出境安全管理，适用《中华人民共和国网络安全法》的规定；其他数据处理者在中华人民共和国境内运营中收集和产生的重要数据的出境安全管理办法，由国家网信部门会同国务院有关部门制定。

《个人信息保护法》第三十八条规定，个人信息处理者因业务等需要，确需向中华人民共和国境外提供个人信息的，应当具备下列条件之一：（一）依照本法第四十条的规定通过国家网信部门组织的安全评估；（二）按照国家网信部门的规定经专业机构进行个人信息保护认证；（三）按照国家网信部门制定的标准合同与境外接收方订立合同，约定双方的权利和义务。第五十二条规定，处理个人信息达到国家网信部门规定数量的个人信息处理者应当指定个人信息保护负责人，负责对个人信息处理活动以及采取的保护措施等进行监督。第六十条规定，国家网信部门负责统筹协调个人信息保护工作和相关监督管理工作。第六十二条则规定，国家网信部门统筹协调有关部门依据本法推进个人信息保护工作。此外，《个人信息保护法》多处规定了网信部门对于个人信息的规则制定和统筹协调职责。

（三）职能监管机构

《数据安全法》第六条规定，各地区、各部门对本地区、本部门工作中收集和产生的数据及数据安全负责。工业、电信、交通、金融、自然资源、卫生健康、教育、科技等主管部门承担本行业、本领域数据安全监管职责。公安机关、国家安全机关等依照本法和有关法律、行政法规的规定，在各自职责范围内承担数据安全监管职责。

1. 公安及国家安全机关

公安机关主要负责网络信息安全保护，打击互联网信息安全犯罪行为、侵犯个人信息权益犯罪行为等。国内的互联网企业需要开展的计算机信息系统安全等级保护的认证备案（"等保2.0"）由公安机关负责。2017年至今公安机关常态化开展净网专项行动，对侵犯公民个人信息类案件进行打击。

在网络用户个人信息保护方面。公安机关的监管职责源自《刑法》第二百五十三条之一"侵犯公民个人信息罪"与两高《关于办理侵犯公民个人信息刑事案件适用法律若干问题的解释》等规定。同时，《个人信息保护法》第六十四条第二款规定，履行个人信息保护职责的部门在履行职责中，发现违法处理个人信息涉嫌犯罪的，应当及时移送公安机关依法处理。

在计算机信息系统保护方面。公安机关的监管职责源自《刑法》第二百八十五条及二百八十六条规定的计算机犯罪罪名，以及《中华人民共和国计算机信息系统安全保护条例》第十七条、《网络安全法》第八条、《数据安全法》第六条相关规定。

2. 工信部

工信部网络安全管理局主要承担配合处理网上违法信息、配合打击网络犯罪、互联网环境及信息的综合治理、防范网信失密失窃等工作，同时兼顾新技术、新业务的安全评估。从2019年开始，工信部启动了App的专项整治工作。2020年对App的专项整治已常态化。在日常组织第三方机构的抽检中如发现违规，即要求限期整改；未在期限内整改的在工信部官网上进行通报，未在通报要求的截止时间完成整改的，即行下架。到2021年，工信部对App的专项整治已深度常态化。从原来的软件App扩展到平台类App，从原来的常见个人信息收集违规、提供第三方违规向更精细化方向扩展。2023年1月，工信部发布《工业和信息化领域数据安全管理办法（试行）》，自2023年1月1日起施行。该管理办法是2021年《数据安全法》的贯彻和落实，定位为工业和信息化领域数据安全管理的顶层设计，重点解决工业和信息化领域数据安全"谁来管、管什么、怎么管"的问题。

3. 市场监督管理部门

市场监督管理部门主要从保护消费者权益层面开展专项活动,对侵犯个人信息事件进行治理。监管职责源自《消费者权益保护法》第十四条,《网络交易监督管理办法》第二条、第五条等规定。

4. 网信办

依据现行的数据安全领域的三驾马车(《网络安全法》《个人信息保护法》《数据安全法》)的规定,国家网信部门负责统筹协调国家及个人的网络安全工作和相关监督管理工作,赋予了网信部门相当大的执法权力,另外,根据《数据出境安全评估办法》,达到一定数量条件或实质条件的数据处理者向境外提供数据的,要经过网信部门的审批。

5. 信息安全标准化委员会

信标委主要是负责与信息安全技术相关的重要标准和合规指引的制定,并配合其他部门如公安部门、网信办、工信部等对 App、小程序的隐私条款、合规性进行评审。

6. 司法机关

除上述行政机关外,司法机关也在数据保护领域承担了重要的职责,民事领域的纠纷主要包括侵犯公民个人信息权益、侵犯市场正常秩序构成不正当竞争、侵犯企业数据权益、侵犯著作权等。

7. App 专项治理工作组

App 违法违规收集使用个人信息专项治理工作组(以下简称 App 专项治理工作组)成立于 2019 年 1 月 25 日,是国家网信办、工信部、公安部、国家市场监管总局四部门为落实《关于开展 APP 违法违规收集使用个人信息专项治理的公告》相关部署,委托全国信息安全标准化技术委员会、中国消费者协会、中国互联网协会、中国网络空间安全协会成立的。该组织是非政府机构,不具备行政职权,负责对用户基数大且与用户息息相关的 App 隐私政策和个人信息收集使用情况进行评估。

在数据治理层面，App专项治理工作组有权参与制定个人信息保护相关的技术规范和标准文本，且其所提出的意见为监管部门监测网络违规行为、界定违法收集情形提供了重要参考。自成立后，App专项治理工作组先后公布诸多重要的文件，如《App违法违规收集使用个人信息行为认定方法》《App违法违规收集使用个人信息自评估指南》《App安全意识公众调查问卷报告》等。此外，通过近两年的监管行动，工作组持续对用户基数大且与用户息息相关的App隐私政策和个人信息收集使用情况进行评估和查处，重点整治了部分App无隐私政策、无注销渠道、强制索权等问题。根据2020年5月公布的《APP违法违规收集使用个人信息专项治理报告（2019）》，自2019年3月起，App专项治理工作组对下载量大、使用频率高的千余款App进行了评估，共计发现违法违规收集使用个人信息问题6976个。

第四节　电力企业合规管理现状

随着电力企业战略的快速推进，数据价值挖掘日益活跃，数据对外开放程度大幅度提升，电力企业面临较大的数据合规风险压力。当前电力企业数据合规管理刚刚起步，尚未建成系统化、标准化的数据合规管理体系。因此，有必要全面梳理识别合规风险点，强化管控机制，完善保障措施，建立健全电力企业数据合规管理体系。

一、电力企业数据活动现状

（一）主要数据活动

随着电力企业数字化转型的深化推进，电力企业的数字化水平得到大幅提升，打造了全球规模最大的一体化企业集团信息数据平台，连接上游电能生产商、电力设备供应商和下游电能消费者，业务数据覆盖电力运行、企业运营和客户服务等领域，蕴含着巨大的数据开发利用价值，同时也肩负着巨大的数据保护责任。

1. 电力业务方面

通过对数据的清洗、加工、建模、分析形成一系列数据应用产品，对内服务于安全生产、精益管理、提质增效，对外服务于政府科学决策和社会经济发展。

2. 金融业务方面

通过金融数据汇聚共享、提炼加工、价值挖掘，释放数据资产价值，对内支撑业务运营、产品销售、展示分析、风险控制等，对外响应监管机构对金融数据报送要求。

3. 国际业务方面

通过对数据的分析应用支撑公司"走出去"战略投资决策，提升国际业务运营效率和经营绩效。

4. 支撑产业方面

数据应用活动主要是通过对电力数据深入的价值挖掘，全面支撑电力业务高质量发展。

5. 战略性新兴产业方面

数据涵盖多个新兴领域，数据活动具有涉及领域广、迭代速度快、开放程度高、合规风险大等特点，是公司数据应用领域的前沿阵地。

（二）电力企业面临主要数据风险点

在国家法律不断完善、行业监管持续加强的背景下，把握电力企业数据活动全业态、多场景特点，准确识别潜在的合规风险点，是做好数据合规管理的前提和基础。面临的主要风险点如下：

1. 个人信息保护方面

电力企业营销、金融业务、新兴产业等业务板块，获取并管理大量的用户手机号码、家庭住址、身份证号等个人敏感信息。若由于内部管理或外部攻击引发个人信息的非法获取出售、泄露、篡改、不正当使用等问题，公司将面临承担相应法律责任、用户投诉以及声誉损失的风险。

2. 重要数据防护方面

公司在生产和经营过程中产生大量的关键基础设施数据和企业秘密数据。关键基础设施数据，如电力主设备运行信息，一旦被不法分子篡改，会影响公司业务的正常运转，甚至影响国家安全。此外，企业秘密数据是公司发展的根本，是公司的核心竞争力所在，一旦遭到泄露也将给公司稳定经营带来巨大风险。

3. 特定行业监管方面

金融、互联网等行业在持牌经营、数据管理、互联网信息发布等方面有较为严格的行业规范。公司相关产业单位如不能及时解读所属行业领域最新的合规要求，可能面临行政处罚、业务暂停甚至摘牌的风险。

4. 数据跨境传输方面

数据合规问题在国际业务开展过程中往往会成为风险敞口。世界各国法律法规、政策差异很大，若未能对有关国家的合规风险进行精准识别，极有可能触碰法律红线，面临巨额处罚、市场禁入等重大海外经营风险。

5. 数据交换共享方面

公司在与外部单位开展数据合作过程中，数据交互存在外部数据违规获取、共享数据权益纠纷、数据交易违规变现风险等。目前该领域相关配套法规还未完善，需要根据具体的业务场景进行谨慎的内部合规评估，防范违法、违规风险。

二、电力企业数据合规管理现状

当前，电力企业已经初步启动和有序推进数据合规管理工作，解读和跟随国家法律和政策要求，制定数据安全红线要求与合规指引，逐步完善数据管理体系。但是公司数据合规管理还处于起步阶段，数据合规管理体系亟待建立健全，数据合规管控工作亟待开展，数据合规技防措施有待加强。

（一）数据合规管理已经启动

2020 年底 X 电力企业发布《关于加强公司数据合规管理的指导意见》，制定了数据合规管理体系建设、重点领域和环节数据合规管理等在内的五个方面 22 项重点任务，初步明确了公司数据合规管理工作方向。发布数据合规管理 2021 年工作实施计划，部署了体系建设、风险防控、技术研究和宣传培训四个方面 10 项重点工作，根据规划按步骤开展数据合规管理体系建设。

（二）数据管理体系日趋完善

电力企业数据管理组织架构完备，职责边界和业务流程日益清晰，队伍能力快速提升。陆续出台了《公司数据管理办法》《公司数据对外开放指导意见》《数据共享负面清单管理细则》《公司用电客户个人信息保护管理办法》等制度文件，明确了敏感数据的管理原则、职责分工、管理策略和流程，对内实施基于负面清单的数据共享，对外规范数据开放策略和流程，为深化重点领域数据合规管理奠定了较好的基础。

（三）数据安全技术积淀丰厚

经过多年的信息化发展，公司数据安全防护技术取得了长足的进步，拥有边界安全、入侵监测、态势感知等全方位、立体化的网络空间安全防护解决方案。积极探索数据加密、脱敏、API 接口等安全防护技术，并通过端口最小化、精细划分权限等措施降低数据导出复制等泄露风险。

与业界先进数据合规管理实践相对照，电力企业数据合规管理亟待加强，主要表现在三个方面：一是数据合规管理体系亟待建立和完善。总体框架有待明确，相关规章制度尚未出台，权责边界、业务流程和协同关系还需厘清。

二是数据合规管控工作亟待开展。风险识别、评估与隐患排查工作尚未全面展开，常态运行机制有待确立，数据合规管理氛围不够浓厚，数据安全策略、人才队伍、管理机制、安全措施还亟待落实。三是数据合规技防措施有待加强。数据脱敏、数据加密等数据安全技术有待普及，数据审计及泄露溯源分析等技术研究有待开展。

第四章　电力数据合规概述

第一节　电力数据概述

一、数据

数据被称为信息的原材料，而信息被称为在上下文语境中的数据。数据已被广泛认可为一种企业资产。《数据安全法》采取广义定义，将数据定义为"任何以电子或其他方式对信息的记录"。《网络安全法》将网络数据界定为"通过网络收集、存储、传输、处理和产生的各种电子数据"。表 4-1 为 2022 年 3 月 9 日国家市场监督管理总局、国家标准化管理委员会发布的《信息安全技术　术语》（GB/T 25069-2022）界定的数据相关概念的定义。

表 4-1　《信息安全技术　术语》（GB/T 25069-2022 界定）

概念	定义
数据	任何以电子方式对信息的记录

续表

概念	定义
重要数据	特定领域、特定群体、特定区域或达到一定精度和规模的数据,一旦被泄露或篡改、损毁,可能直接危害国家安全、经济运行、社会稳定、公共健康和安全。仅影响组织自身或公民个体的数据一般不作为重要数据
核心数据	对领域、群体、区域具有较高覆盖度或达到较高精度、较大规模、一定深度的重要数据,一旦被非法使用或共享,可能直接影响政治安全。核心数据主要包括关系国家安全重点领域的数据,关系国民经济命脉、重要民生、重大公共利益的数据,经国家有关部门评估确定的其他数据
一般数据	核心数据、重要数据之外的其他数据
个人信息	以电子或者其他方式记录的与已识别或者可识别的自然人有关的各种信息,不包括匿名化处理后的信息。从法律保护程度角度,个人信息可分为一般个人信息和敏感信息
行业领域数据	在某个行业领域依法履行工作职责或业务运营活动中收集和产生的数据
组织数据	组织在自身的业务生产、经营管理和信息系统运维过程中收集和产生的数据
衍生数据	经过统计、关联、挖掘、聚合、去标识化等加工活动而产生的数据

二、电力数据

随着能源互联网的提出和智能电力的建设应用,电力企业在参与生产、客户服务、运营管理以及其他业务流程中采集、管理、运维的大数据,既包括结构化数据(如数字、符号等),也包括非结构化数据(如视频、图像、声音等)。电力数据主要来源于电力生产使用电能的发电、输电、变电、配电、用电、交易和调度各个环节。

(一)电力数据分类

电力企业数据类型按不同的分类方式,可归纳如表4-2所示。电力数据中台架构及应用场景如图4-1所示。

表 4-2 电力数据分类

分类标准	种类	备注
数据产生环节	发电侧产生的数据	发电侧数据中蕴含的潜在价值非常大，监控电厂运行状态、优化控制策略、故障诊断及数据挖掘等都具有现实的指导意义
	输变电侧产生的数据	输变电侧是电厂与电力衔接的纽带，为保证智能电力输变电工作点的正常运行，必须采集大量运行数据，以供电力分析、学习所用
	用电侧产生的数据	智能电表在电力中的广泛使用为用电侧大数据提供了天然的基础。智能电表拥有双向通信能力，其采样频率高，能够向电力发送实时用电信息
数据来源	内部数据	主要来源于电力信息采集系统、配电管理系统、设备检测和监测系统等
	外部数据	主要来源于地理信息系统、公共服务部门等
数据内容和采集时间节点	基础数据	包括规划设计数据（如电力设备位置、回路、建设时间、厂家等）、电力资源数据（如电缆地下管网相关信息），上述数据均是在电力建设时产生的历史数据
	状态数据	包括设备运行日志数据、监测数据等

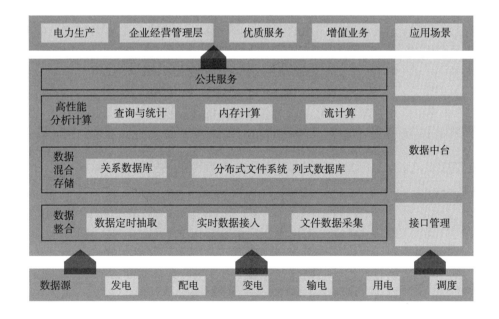

图 4-1 电力数据中台架构及应用场景

（二）电力数据特征

电力数据的特征可概括为 5V。5V 分别为规模（Volume）、多样（Variety）、快速（Velocity）、价值（Value）和真实（Veracity）。

1. 规模（Volume）

随着电力企业信息技术的快速发展和智能电力系统的全面开发，电力数据的增长速度远远超过了企业预想。以发电侧为例，随着电力生产自动化控制程度越来越高，对压力、流量和温度等监测指标的准确性、频率和精确度的要求也越来越高，对处理大量数据的要求也相应提高。对用电侧而言，每一次采集频度的提升都会给数据体量带来指数级变化，非结构化数据在电力数据中所占据的份额随之增长。此外，在电力大数据应用过程中，存在大量对多类型数据进行关联分析的需求。这直接导致了电力数据类型的增加，使得电力大数据的复杂程度进一步提高。

2. 多样（Variety）

电力大数据涉及数据种类繁多，其中包括结构化数据、半结构化数据和非结构化数据。随着视频应用的不断增多，非结构化数据在电力数据中的占比将进一步加大。

3. 快速（Velocity）

快速主要指采集、分析、处理电力数据的速度要快。由于电力系统对业务处理时间有着严格的要求，以"1 秒"为目标的实时处理是电力大数据的重要特征，这也是电力大数据与传统事后处理型的商业智能、数据挖掘间的最大区别。

4. 价值（Value）

随着电力大数据的快速增长，基于电力大数据的分析挖掘技术也已成功应用，电力大数据的商业价值逐渐显现。在电力行业内部，跨层级、跨地域、跨系统、跨单位的电力数据融合，可以有效提升行业、企业管理水平和经济效益。

5. 真实（Veracity）

一方面，对于互联网环境下的大量数据需要采取措施，以确保数据真实、客观，这是电力业务发展和大数据建设的迫切需求；另一方面，通过大数据分析，对事物的本来面目进行还原与预测也是电力大数据未来发展的趋势。

近年来，电力系统正向高水平的信息技术和自动化方向发展，因此，电力数据的采集运用越来越广泛，对电力设备设施数据、用户数据、规划数据等的管理也提出了较高的要求。

三、数据安全

在《数据安全法》出台之前，数据安全并没有专门定义。2021 年实施的《数据安全法》将数据安全定义为：通过采取必要措施，确保数据处于有效保护和合法利用的状态，以及具备保障持续安全状态的能力。数据安全既包括数据处于有效保护状态，即物理上的安全，也包括数据合法利用的状态，即法律上的合规。

（一）数据的有效保护

数据的有效保护，通常指数据的完整性、可用性、独占性没有遭受破坏；针对数据保护所设置的系统访问控制策略未被破坏，没有他人实施未经授权的访问、数据处理或超越授权的访问及数据处理；数据未被他人窃取、非法利用或破坏、删除；数据所在的信息系统硬件、软件功能可靠、安全、稳定，数据不会因系统故障而损失。

（二）数据的合法利用

数据的合法利用，指按照相关法律、法规及监管规则的要求处理数据。从全生命周期的角度看，数据合法利用关注的是数据收集、存储、使用、加工、传输、提供、公开等各个环节。而所涉及的法律则包括《民法典》《刑法》《网络安全法》《数据安全法》《个人信息保护法》及相关的法规和规章。此外，不同的行业监管部门所制定的本行业重要数据目录及相关数据利用规则，也是合法性判断的基础。

（三）保障数据的持续安全状态

保障数据持续安全状态，是企业的能力建设。既包括对于软硬件的系统建设能力和安全维护能力，也包括运营者内部的业务流程管控、合规管控和数据治理体系的建设。硬件、软件系统以及相关内部制度都是静态的，而持续能力需要的是内部动态的治理能力，包括对于数据安全及数据合规风险的动态监测能力以及内部对于数据风险的全流程管控能力。

第二节 数据合规概述

一、数据合规的概念

随着企业数据应用的日益深入，数据合规成为企业整体合规的必要组成部分。数据合规的概念源自合规管理，是企业合规理论在数据保护领域的具体运用。清华大学程啸教授认为数据合规是对数据处理的合法性、正当性和必要性的审查。上海市法学会互联网司法研究会理事吴卫明认为数据合规是企业的经营活动所涉及的数据处理活动应该与相关的法律、法规、规则及准则一致①。

现行法律、行政法规、部门规章等文件对数据合规管理也进行了定义，为企业开展数据合规管理工作提供了依据。《信息安全技术 数据安全能力成熟度模型》（GB/T 37988-2019）将合规界定为：对数据安全所适用的法律法规的符合程度。工信部发布的《电信和互联网企业网络数据安全合规性评估

---

① 吴卫明．数据合规法律实务［M］．北京：法律出版社，2022．

要点（2020 年）》将《网络安全法》《电信和互联网用户个人信息保护规定》等法律法规和《信息安全技术 个人信息安全规范》 （GB/T 35273 - 2020）等标准规范作为网络数据安全合规性评估的依据，将数据合规视为对法律法规及重要技术标准的遵循。

根据管控重点的不同，不同主体对数据合规也有不同的认识。公安部第三研究所发布的《2017 年大数据安全合规白皮书》将数据合规分为个人信息保护合规、网络安全等级保护合规、数据本地化和出境评估合规。中国联通认为，数据信息安全合规管理涉及数据信息收集使用合规、数据技术安全合规、大数据业务应用合规三大维度内容。小米公司认为，数据合规的重点在于保护信息安全及用户隐私。

本书依据国务院国资委《中央企业合规管理办法》对于合规的定义①，将数据合规界定为：以有效防控数据合规风险为目的，以企业和员工经营管理行为中涉及数据的活动为对象，在法律、法规、规范性文件及标准的指引下，开展的有组织、有计划的管理活动。简言之，数据合规管理就是使企业数据活动符合内外部要求的管理活动。

总的来说，数据合规管理的目的是保障公司涉及数据全生命周期相关活动满足法律法规和监管规定的要求，防控公司不合规数据处理活动侵犯个人隐私、泄露商业秘密、引发不正当竞争、影响公共安全而承担民事、行政和刑事责任的风险，消除或降低由此带来的企业声誉和经济损失。

二、数据合规相关概念

（一）数据管理

数据管理是为了交付、控制、保护并提升数据和信息资产的价值，在其

---

① 合规是指企业经营管理行为和员工履职行为符合国家法律法规、监管规定、行业准则和国际条约、规则，以及公司章程、相关规章制度等要求。

整个生命周期制订计划、制度、规程和实践活动，并执行和监督的过程①。数据管理的主要目标为提升数据质量，通过数据赋能业务，加速企业经营效率，其价值导向在于效率优先，兼顾安全控制②。从一般数据管理架构（见图4-2）中，我们可以看到，数据管理关注的核心是数据价值，缺少合规性。其原因包括：一是逐利性。在数字经济时代，数据同样是资产，能够产生巨大的经济效益，在利益面前，追求数据流转、变现的效率才是企业数据管理的第一要务。二是缺乏监管。我国数字经济正由野蛮生长的阶段发展到强监管的阶段，各项数据监管制度陆续出台，正弥补数据管理中合规性缺失。

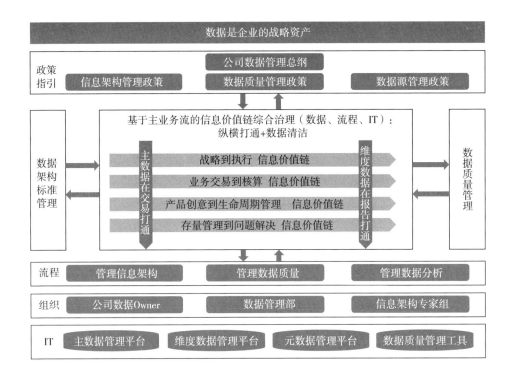

图4-2 一般数据管理架构③

---

① 概念来源于《DAMA数据管理知识体系指南（第2版）》。

② DAMA国际. DAMA数据管理知识体系指南［M］. 北京：机械工业出版社，2020.

③ 此图出自《华为数据之道》；旨在解释数据管理，为一般情况下企业数据管理架构。

（二）合规管理

基于 ISO 对相关术语的定义，合规管理被定义为指导和控制组织与合规相关的协调活动①。定义突出了指导、控制、协调三点。国务院国资委在《中央企业合规管理办法》中对合规管理作出了比较全面的定义：合规管理是指以有效防控合规风险为目的，以提升依法合规经营管理水平为导向，完善运行机制、培育合规文化、强化监督问责以企业经营管理行为和员工履职行为为对象，开展的包括建立合规制度、风险识别、合规审查、风险应对、责任追究、考核评价、合规培训等有组织、有计划的管理活动。

（三）数据治理

基于《信息技术　大数据　术语》（GB/T 35295-2017）定义，认为数据治理是数据和数据系统管理的基本要素，数据治理涉及数据全生存周期管理，无论数据是处于静态、动态、未完成状态还是交易状态。《信息技术服务　治理　第 5 部分：数据治理规范》（GB/T 34960.5-2018）将数据治理定义为数据资源及其应用过程中相关管控活动、绩效和风险管理的集合。

国际数据治理研究所（Data Governance Institute，DGI）的数据治理框架中，数据治理被界定为行使数据相关事务的决策权和职权。而更加具体的定义则认为，所谓数据治理，即建立一种通过一系列信息相关程序来实现决策权和职责分工的体系。国际数据管理协会（Data Administration Management Association，DAMA）认为，数据治理是建立在数据管理基础上的一种高阶管理活动，是各类数据管理的核心，指导所有其他数据管理功能的执行。DM-BOK2.0 认为，数据治理是指对数据资产管理行使权力、控制和共享决策（规划、监测和执行）的系列活动。

（四）数据合规管理

基于以上对数据管理和合规管理的解析，本书认为，数据合规管理是合

---

① 李素鹏，叶一珺，李昕原．企业合规管理实务手册［M］．北京：人民邮电出版社，2022.

规管理实践在数据管理场景下的具体应用，在企业现有数据管理体系下，通过流程管控约束、场景指引赋能、认知提升固化三种机理，让合规管理的理念、价值、工具、方法，重塑数据管理体系，形成数据合规管理体系，从而成为数据合规评估的重要依据。

图4-3可概括数据管理、数据治理、合规管理与数据合规管理之间的关系。

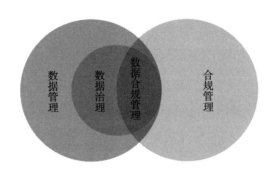

图4-3　数据合规管理定位关系

三、数据合规的原则

（一）数据收集阶段

1. 合法收集原则

企业不得通过欺诈、诱骗、强迫、隐瞒功能、非法渠道等获取数据，同时不得收集明令禁止的数据。

2. 最小化收集原则

企业收集的数据需要与业务功能直接关联，在收集数据过程中需遵守最低频率、最少数量的原则。

3. 授权收集原则

一是企业在直接收集数据时，应明确告知不同业务功能分别收集的数据类型及其他收集、使用规则。二是企业在间接获取数据时，应要求数据提供方说明其数据来源，并对其合法性及其已获得的数据处理授权同意范围进行确认，做好相应网络安全义务的履行和数据收集使用的合规调整及整改。三是企业在收集敏感信息时，应当获得用户自愿、具体、清晰、明确的同意，同时注意通过主动提供或自动采集方式收集信息时，需区分核心业务功能以及附加功能。

（二）数据保存阶段

1. 存储时间最短原则

在数据保存时间上，企业应尽量缩短数据保存时间。

2. 信息去标识化原则

在数据保存的要求上，企业应在采集数据后进行去标识化处理，并将去标识化处理的数据与可恢复识别个人信息的数据分区储存，避免出现在后续的个人信息处理活动中重新识别个人信息的情况。

3. 加密储存原则

对敏感信息的存储，企业需采取加密等安全措施，特别注意存储个人生物识别信息时，应当在存储前运用技术手段进行处理。

（三）数据使用阶段

1. 对个人信息控制者的限制原则

一是企业需做好个人信息访问控制措施，细化企业内部有关数据的内控制度（包括最小授权原则、审批制度、分离设置相应岗位等），重视建立和落地相关企业数据内控制度。二是对通过界面进行个人信息展示的企业相关产品，要采取措施对个人信息进行去识别化处理。三是企业在使用个人信息时需遵循用户授权范围，不得超出与收集个人信息时所声称的目的具有直接或合理关联的范围，同时，应当消除身份指向性，避免精确定位到特定个人。

2. 个人信息主体拥有充分权利原则

一是有权更正、删除相应个人信息；二是有权将个人信息的处置同意授权撤回；三是有权注销账户；四是有权获取个人信息副本；五是企业需及时回应个人信息主体的请求、申诉。

3. 信息委托处理的原则

企业未征得个人信息主体授权同意不得委托第三方对个人信息进行处理，同时，对委托行为企业需进行个人信息安全影响评估，并对受托者进行相应监督，企业需与受托者明确约定在委托关系解除时不再保存个人信息。

（四）数据的有效保护

数据的有效保护，通常指数据的完整性、可用性、独占性没有遭受破坏；针对数据保护所设置的系统访问控制策略未被破坏，没有他人实施未经授权的访问、数据处理或超越授权的访问及数据处理；数据未被他人窃取、非法利用或破坏、删除；数据所在的信息系统硬件、软件功能可靠、安全、稳定，数据不会因系统故障而损失。

（五）数据的合法利用

数据的合法利用，指按照相关法律、法规及监管规则的要求处理数据。从全生命周期的角度看，数据合法利用关注的是数据收集、存储、使用、加工、传输、提供、公开等各个环节。而所涉及的法律则包括《民法典》《刑法》《网络安全法》《数据安全法》《个人信息保护法》及相关的法规和规章。此外，不同的行业监管部门所制定的本行业重要数据目录及相关数据利用规则，也是合法性判断的基础。

（六）保障数据的持续安全状态

保障数据持续安全状态属于企业的能力建设。企业的能力建设既包括对于软硬件的系统建设能力和安全维护能力，也包括运营者内部的业务流程管控、合规管控和数据治理体系的建设。硬件、软件系统以及相关内部制度都是静态的，而持续能力需要的是内部动态的治理能力，包括对于数据安全及数据合规风险的动态监测能力以及内部对于数据风险的全流程管控能力。

第三节 基于数据全生命周期的电力数据合规

数据全生命周期保护是一种保护理念和保护思路，而全生命周期保护制度是数据合规制度体系中的制度。国际组织 CSA 云安全联盟定义的数据安全生命周期流程包括：创建、存储、使用、共享、存档和销毁。数据全生命周期管理（Data Lifecycle Management，DLM）是指对相关数据信息使用有效管理的过程，是对数据整个生命周期（即数据采集、数据传输、数据存储、数据处理、数据交换和数据销毁）的全部过程进行管理。数据全生命周期管理的研究与实践已发展成较为成熟的模型（见图4-4）。基于数据全生命周期的数据合规管理体系的建设需要借鉴 DLM 中的控制体系、节点嵌入以及规范集的设置，才能保证合规在数据全生命周期中不缺位。

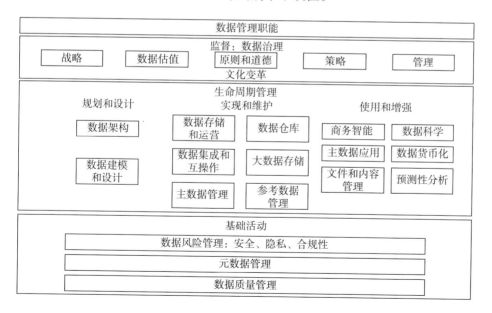

图4-4 数据全生命周期基于功能定位的管理模型

电力数据合规是指电力企业应当承担数据合规义务，在企业内部制定并实施有效的数据合规制度。电力数据合规是数据合规在电力领域的具体运用，这是由电力本身的特殊性所决定的。基于数据全生命周期的电力数据合规过程主要包括六个阶段。

（一）数据采集

数据采集是指有针对性地收集目标对象、设备和服务等数据产生方的数据，传输汇总到相应区域，为之后的数据挖掘分析提供基础①。采集环节往往是与国家安全、社会公共利益以及第三方利益冲突最为突出的环节，也是法律责任、法律关注和舆情关注最为突出的地方。而民事法律、行政监管法律、刑事法也设置了最为复杂和最为严厉的法律责任，相对应也是企业投入最多法律资源的阶段。

本阶段按照国家法律法规及相关要求，根据电力数据采集对象及方式（主要包括智能用电设备和智能配电设备），对电力数据采集策略进行细化及分类。主要包括梳理完善电力企业相关合同文本以及与数据合作方之间的各类协议，制定有效的电力数据管理策略和技术保障措施，确保电力数据采集行为合法、正当，开展合作方资质审查，确保其提供的数据或服务符合电力行业监管要求。

（二）数据传输

数据传输属于法律资源和技术资源并重的环节。传输数据涉及数据的输送和存储空间的变化，同时涉及技术措施的运用。根据重要数据、电力企业涉密数据等数据的不同类型，制定数据主体身份鉴别认证及电力数据传输策略，严格落实链路加密、节点加密、端对端加密等加密传输技术措施，开展数据传输相关工作记录、归档、日志审计等，确保敏感数据的可溯源、可追踪、可审计。数据传输涉及数据跨境传输，需严格执行报批、安全评估、认证等工作。

---

① 马晓亭、陈臣．基于大数据生命周期理论的读者隐私风险管理与保护框架构建［J］．图书馆，2016（12）：62-66.

（三）数据存储

数据存储环节是技术资源投入最多而法律资源投入相对较少的环节。合规要求主要体现为对电力数据存储系统安全性的要求，以及加密存储、去标识化存储等电力数据安全防范措施的运用。当下电力大数据通常存储在大数据平台之中，基于云存储技术，多节点、分布式地对数据进行存储。然而，数据量的增大在给电力企业运营带来便利的同时，也增加了企业的数据安全隐患。据 IBM Security 的《2022 年数据泄露成本报告》显示，2021~2022 年，数据泄露的全球平均成本从 424 万美元增加至 435 万美元，同比增长 2.6%，创历史新高。大量数据的集中存储增加了数据泄露及被篡改的风险，因此，确保电力数据云存储安全是电力数据存储合规工作的重点。

（1）网络存储安全。数据在网络传输过程中极易被捕捉和利用，对其进行加密处理是重要的安全保障方法之一。数据加密是通过算法改变原文的表现形式，以达到保护重要信息的目的，使被保护的信息内容无法被攻击者获取。当下广泛应用的数据加密方法主要有：应用系统加密、前置代理加密、后置代理加密、表空间加密、文件系统加密和磁盘加密[①]。在对电力数据进行加密处理过程中，应当根据数据公开度的不同采取差异化的加密算法。对于可公开的电力数据，仅在原有简单加密算法的基础上借助非对称算法进行优化；对于重要数据，则需要在优化加密算法的同时，保障电力数据存储的完整性，并且做好电力数据备份工作，以此进一步提升数据存储安全水平。

（2）硬件存储安全。硬盘是存放数据的重要媒介，其中，由于固态硬盘主控与颗粒之间有极高的传递效率且无机械组件，因此，固态硬盘的读取速度几倍快于机械硬盘的读取速度。而可信固态硬盘是在固态硬盘的基础上加入了安全机制，通过安全存储接口与协议，严格控制用户存取的数据，保证了数据的机密性。可信固态硬盘以其低延迟、吞吐量大、安全性高的综合优

---

① 冯朝胜，秦志光，袁丁．云数据安全存储技术［J］．计算机学报，2015（1）：150-163.

势，被广泛应用于机密数据的存储。基于此，电力数据终端在实际应用中应当严格遵守专网专用的原则，仅允许设备在规定的电力网络安全分区中使用，做好物理隔离，禁止出现"一机两用"、连接下级分区的设备接入上级分区等违规操作。

X电力企业按照总公司电力数据分类分级要求，制定个人信息、重要数据、企业涉密数据等差异化存储和备份恢复策略，规范电力数据存储设备的接入管控机制，严格落实电力数据存储、备份过程中的隔离、加密、脱敏等保护措施，防范电力数据泄露、篡改、损坏和丢失。

（四）数据处理

数据处理属于法律资源和技术资源并重的环节。传输电力数据涉及电力数据的输送和存储空间的变化，同时涉及技术措施的运用。X电力企业在总公司数据分类分级基础上，结合各板块不同业务场景的特点，制定差异化的电力数据处理合规管控方案。强化电力数据处理过程中的权限控制、加密解密、匿名脱敏、合规审计等保护措施，做好重要数据使用的识别、监控和预警。严格做好个人用户隐私数据保护。严格执行公司数据处理有关审批制度，杜绝数据处理造假。

（五）数据交换

这一环节是数据提供及公开环节，涉及国家安全、公共利益及第三方利益，是法律责任、法律关注和舆情关注的突出环节，同样民事法律、行政监管法律、刑事法也设置了最为复杂和最为严厉的法律责任，相对应也是公司投入最多法律资源的阶段。

完善电力数据共享负面清单制度，建立统一管理、分专业、分级负责的电力数据内部共享工作机制。开展与客户、供应商等各类合作协议的梳理和修订，增加数据在企业内部流转的授权或同意条款，消除跨专业数据贯通融合和价值挖掘的合规风险。建立协同高效、安全可控、依法合规的电力数据对外开放工作机制，执行差异化的开放策略，加强需求受理、需求分析与初审、保密合规审核、数据归口审核、合同签订、提供服务等环节合规管理，保障数据使用安全合规。开展对数据接收方的尽职调查，落实其数据合规义务和责任。

（六）数据销毁

数据销毁法律责任设置相对较轻，同时涉及一定的技术应用。除了法律资源的投入，同时需投入一定的技术资源。X 电力企业严格遵循国家的相关法律法规与标准，制订电力数据销毁计划，建立电力数据销毁流程和审批机制，明确电力数据销毁的场景、对象和要求，规范数据信息擦除与销毁方法，实现对电力数据的有效销毁，防范数据泄露风险。

第四节 企业数据合规管理案例分析

当前部分大型互联网、金融和电信运营企业在数据合规管理方面开展了大量实践，可为电力企业数据合规管理体系框架设计提供借鉴。

一、典型企业的数据合规管理实践

（一）华为云隐私保护实践

2022 年 11 月 7 日，"2022 华为网络安全与隐私保护合规治理论坛"发布《华为隐私保护治理白皮书》，与业界分享了华为的隐私保护治理方法和实践经验。华为作为全球领先的 ICT 基础设施和智能终端提供商，将构筑并全面实施端到端的全球网络安全与隐私保护保障体系作为公司的重要发展战略之一，以不断提升隐私合规能力，完善自身的隐私合规管理体系。通过对外部隐私保护法律、法规及标准进行系统性的洞察和梳理，搭建了一套基于自身隐私合规需求的全球隐私合规框架，具体如图 4-5、图 4-6 所示。华为隐私保护合规框架首创通过"蜗牛图"的形式来展示对个人信息全生命周期的保护，共包含 17 个控制域和 27 个控制项，命名为隐私合规 17/27 框架，该框架系统地归纳了隐私合规的相关控制要求，为华为各业务单元的隐私合规工作提供了指引。在 2022 年中国网络文明大会上，华为隐私合规 17/27 框架入选了中国网络空间安全协会"数据安全与个人信息保护创新实践案例"。

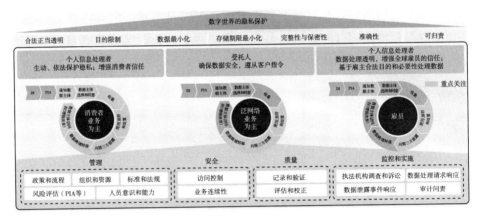

图 4-5　华为隐私合规框架

隐私保护治理	隐私管理制度 公司隐私政策与流程文件	组织 组织架构设计 团队任命 人员保密协议管理 绩效考核	意识能力 全员培训和意识提升 专业人员能力提升	监控执行 洞察与跟踪 监控度量与持续改进 审计与稽查 认证获取与维护	事件响应与沟通 事件响应 监管沟通与响应	Privacy by Design PbD架构设计和方法论 隐私增强技术研究和建议	个人信息安全 个人信息安全相关要求
个人信息生命周期保护	个人信息清单 个人信息分级分类 个人信息清单管理	隐私影响评估 隐私影响评估相关要求	通知个人信息主体 隐私声明或通知	选择和同意 个人信息主体选择和明示同意	收集 个人信息收集限制	使用 个人信息使用限制	披露 向个人信息处理者、共同处理者及受托人披露相关要求	留存和处置 个人信息留存和处置相关要求	跨境转移 个人信息跨境转移相关要求	个人信息主体权利 个人信息主体权利响应，包括投诉处理等相关要求

图 4-6　华为隐私合规 17/27 框架

17/27 框架主要基于欧盟 GDPR 以及包括《信息安全技术 个人信息安全规范》（GB/T 35273-2020）、《隐私信息管理体系》（ISO/IEC 27701-2019）在内的 10 套隐私保护标准而设计搭建。华为对《个人信息保护法》进行了深入的解读和分析，对 17/27 框架的内容进行了补充。以此方式，17/27 框架得以不断适应全球法律法规的动态发展，保持先进性。17/27 框架可分为"隐私保护治理"和"个人信息生命周期保护"两条主线。"隐私保护治理"从隐私保护治理的顶层设计出发，集合了政策、组织、人员意识等控制域和控制项。"个人信息生命周期保护"则覆盖个人信息全生命周期的管理，从收集、使用、披露、留存、处置等个人信息处理环节分别提出了隐私合规工作要求。

华为云从管理体系、组织架构、工具研发三个方面落实隐私保护。一是建立华为云数据隐私保护管理体系。建立华为云隐私保护责任模型，明确各方合规责任义务，制定确保个人数据安全的隐私保护策略和措施，保障各项活动合规性以及数据主体权利不受侵犯。以 PbD（Privacy by Design）的理念作为指导，结合实际情况形成华为云隐私保护基本原则，包括端侧处理、数据最小化、透明可控、防跟踪、安全可信，打造合规文化和意识。将合规管控贯彻个人信息全生命周期七个阶段，实施全生命周期的隐私保护管控，分别为：通知数据主体—数据主体选择和同意—收集—使用、留存和处置—向第三方披露—数据跨境转移—数据主体权利保障。二是建立健全隐私保护组织架构。组织隐私保护专家团队、设置各产品和服务的业务团队的隐私保护角色、各业务所在国家和地区的法务和隐私保护专职人员。同时，要求员工每年应通过隐私保护的相关考核。三是构建隐私保护管理工具。研发个人数据自动发现、管理等工具，为隐私保护措施提供支撑，并加强个人数据保护安全技术、隐私增强技术的研究和应用。

（二）中国银行个人金融信息保护实践

中国银行持续完善个人金融信息保护体系，主要包括管理理念、制度规范和技术应用等方面。一是多位一体，强化全行统筹管控。中国银行建立了多位一体、职责明确的个人信息保护工作机制，全面保障个人信息的合规。组织上，业务部门、科技部门、内控和风险管理部门、审计跨部门、跨条线协作。二是积极应变，保护策略由被动转主动。同时，制定了《客户信息保护管理政策》《个人客户信息保护管理办法》《信息系统个人金融信息保护管理办法》等全行性制度，细化个人金融信息分级分类标准，并将个人金融信息保护各项要求在系统建设和业务运营过程中内化、固化。以最小授权、分级保护、数据脱敏、可审计、可追溯为管理原则，以数据全生命周期安全管理为目标并持续完善数据安全和个人金融信息保护管理体系，实现管理策略逐渐由"以系统为中心"向"以数据为中心"转变。三是深耕细作，强化客户隐私保护。坚持以合法、正当、透明、必要为原则进行个人金融信息的收集和使用，采取了系统权限最小化、信息采集和使用公示、授权及撤销等一系列举措，切实尊重和保障客户隐私。四是确保外部机构数据协作的合规性，筑牢基线。以数据安全与合规为前提开展与外部机构业务的合作，规范外部客户信息采集、应用和删除销毁配套管理流程，确保外部数据合规采集和使用。五是新业态下强化技防，保障金融信息合规。借助大数据、机器学习、生物识别、自然语言处理等新技术，打造"网御"智能化的数据合规手段平台。六是全面对标，组织开展数据安全定期考核。从制度系统建设、信息和合规采集、存储使用、客户投诉受理等方面进行深度测试和对标，并聘请外部专业机构开展数据安全评估工作，进一步推动了个人金融信息保护制度的落地与健全。

（三）小米物联网数据安全合规管理实践

小米集团高度重视数据合规工作，从组织架构、管理制度、技术研究三个方面持续推进数据合规管理。一是建立数据合规组织架构，体系化推进数据合规工作。小米集团的数据合规组织架构包括信息安全与隐私委员会、委员会办公室、业务部门安全与隐私委员三个层级。信息安全与隐私委员会负责集团的数据合规工作。委员会办公室负责制定集团数据安全合规战略与规范，并考核各业务部门的安全合规与隐私保护工作绩效；业务部门安全与隐私委员负责执行集团数据合规规范与流程，研发数据安全技术工具、完善数据安全技术方案等工作。二是制定数据合规管理制度，开展数据全生命周期的合规管控（见图4-7）。小米集团数据保护工作覆盖数据的全生命周期，明确了人员、流程和技术等方面共计二十多条关键管理措施。针对物联网的特殊性，专门制定了数据的分类分级标准及安全与合规控制的基线要求，用于规范物联网设备收集处理用户数据的行为。三是开展合规技术研究，加强数据合规和安全的技术支撑。通过自研 AIoT 安全和隐私自动化测试工具、部署应用程度编程接口（Application Programming Interface，API）访问监控和告警等技术组件等措施提升数据安全防护水平。

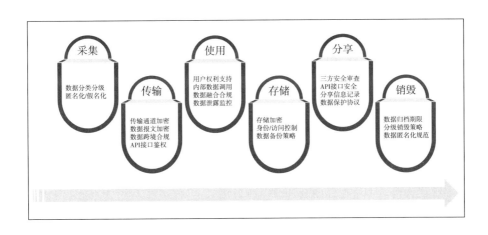

图4-7 小米全生命周期合规和安全管理措施示意

（四）浙江移动大数据服务合规管理实践

浙江移动主要从管理体系建设、数据分类分级管理、数据合规评估、加强技术保障等方面加强数据合规管理（见图4-8）。一是建立健全数据合规管理体系。遵循"责任明确、授权合理、流程规范、技管结合"的方针，明确了大数据业务的五大类原则，即数据不出门原则、数据脱敏原则、个人信息授权原则、信息最小化原则和保密协议签署原则。同时，建立了包括评估准备、组织实施、评估总结、风险整改与复核、评估结果报备五个环节的大数据业务安全评估体系。二是建立高效数据分级分类机制。将数据按照重要及敏感程度、类别属性、使用目的等进行数据分类分级管控。建立信息化平台对敏感数据存储情况进行智能化检测，对目前数据库内的敏感数据进行识别与定位，实现敏感数据的分类分级呈现，并根据不同敏感级别的数据开展差异化的安全合规管控。三是建立制度化的数据合规安全评估机制。严格执行数据对外使用过程中的合规评估考核，将大数据业务纳入互联网新技术、新业务安全评估管理范围，制定了包括操作审计、开发审计及输出审计三个方面的安全审计细则。大数据业务开展需要以两轮合规和安全评估活动为前提，第一轮评估由业务责任部门负责开展，第二轮评估由法务、业务、合规和安全管理部门形成评估组共同开展。四是加强技术保障，支撑管控措施落地，提高管理效率。通过数据安全网关等措施加强数据调用记录及审计、敏感数据识别、数据访问脱敏处理等。

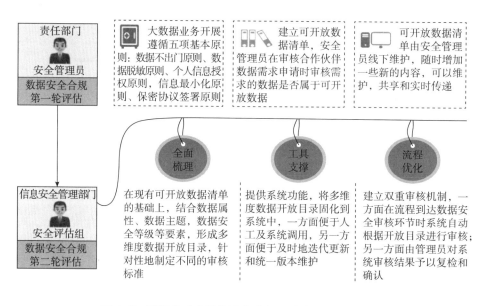

图4-8 浙江移动大数据业务合规和安全评估流程示意

二、典型企业的数据合规管理实践启示

（一）贯彻公司业务战略，做好组织架构顶层设计

上述典型企业都以组织的业务战略和数据战略为指导思想，做好顶层设计，强化跨业务、跨层级统筹协调，建立了健全的协同工作机制，使得数据合规工作卓有成效。调研的典型企业都有着清晰的数据合规组织架构，明确的合规归口管理部门、具体的业务部门职责分工，并设置了专门的机构或岗位，以高效推进数据合规工作的开展。

（二）落实监管底线和义务，完善数据合规制度规范

典型企业都依据国家有关法律法规的要求，建立了符合自身的数据安全合规管理方面的规章制度，遵循标准化、规范化、体系化的原则开展数据合规管理，指导各级部门规范开展数据合规工作。

（三）以切合实际为原则，制订重点领域的落地措施

通过对数据合规义务实施措施细化，明确合规操作指引，在数据活动全生命周期实施严格的合规措施已经成为典型企业的共同点，健全了覆盖全生命周期的安全合规管控能力，并通过严格的合规审查和评估来把握企业当前的合规现状和潜在风险。

（四）以合规风险为导向，建立完善的运营机制

典型企业都建立了健全的运营机制，包括风险识别和防范机制、合规事件的应急处置机制、监督检查机制、评估和持续改进机制等。通过这些机制，得以在事前将合规风险排除或最小化，事中能在经营活动中有效落实合规管控措施，事后能快速响应合规事件并最大程度降低负面影响，优化合规管理工作。

（五）以提高效率为目标，建立合规工作保障

数据合规管理离不开相关的技术支撑保障。典型案例中的各个企业，一方面，通过合规管理业务活动的线上化，固化了业务流程，确保了规章制度

的落地，提高了协同效率；另一方面，通过合规技术提升对数据应用各环节的监控、防护能力，实现了数据的可管、可控和在控。

第五节　研究对象的文献计量分析

本节对国内电力数据合规领域的学术期刊文献和硕博士学位论文数据进行文献计量学分析，以此来反映国内本领域的研究现状。数据分析所选取的学术期刊论文数据来源于 CNKI《中国学术文献网络出版总库》，博、硕士学位论文数据来源于《中国博士学位论文全文数据库》和《中国优秀硕士学位论文全文数据库》。该数据库是目前全球最大的中国学术期刊全文数据网和博、硕士学位论文全文数据网，是进行中文文献计量分析的首选数据库。进行文献计量分析使用的研究工具包括 NoteExpress 和 CiteSpace。

访问日期是 2022 年 10 月 28 日，数据库为 CNKI 数据库，将检索时限设定为 2010 年 1 月至 2022 年 11 月，考察、收集了 12 年来学术期刊论文和博、硕士学位论文的发表情况，并对所收集的数据进行统计分析。其中，学术期刊论文从年度论文量、关键词共现网络、论文发表所在期刊、作者所在机构、不同类型大数据作者的数量（直方图）与比重（折线图）分布，包括所有作者、新作者和老作者几个方面进行分析；学位论文从年度论文量、关键词共现网络、授予单位、学位类型几个方面进行分析。

一、电力数据文献计量分析

（一）学术期刊论文的统计分析

1. 相关学术期刊年度论文量

通过分析一个研究领域的发文数量年代分布特征，可以得出该学科的研究动态以及发展趋势。在 CNKI《中国学术文献网络出版总库》中，以篇名作为检索项，输入关键词"电力数据"进行检索，辅以人工筛选并去重、去杂后，最终获得从 2000 年 1 月至 2022 年 11 月有关电力数据研究的学术期刊论文共计 395 篇（见图 4-9）。

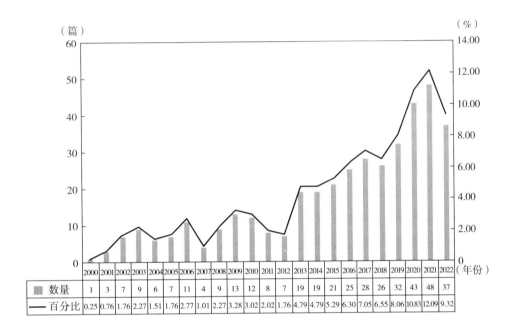

	2000	2001	2002	2003	2004	2005	2006	2007	2008	2009	2010	2011	2012	2013	2014	2015	2016	2017	2018	2019	2020	2021	2022
数量	1	3	7	9	6	7	11	4	9	13	12	8	7	19	19	21	25	28	26	32	43	48	37
百分比	0.25	0.76	1.76	2.27	1.51	1.76	2.77	1.01	2.27	3.28	3.02	2.02	1.76	4.79	4.79	5.29	6.30	7.05	6.55	8.06	10.83	12.09	9.32

图 4-9　2000 年 1 月至 2022 年 11 月电力数据相关期刊年度论文量

从图 4-9 可以看出，2000~2012 年电力数据研究领域所受到的关注度较小，相关学术期刊年载文量平均不超过 8 篇。发表相关学术期刊论文最多的 2009 年也只发表了 13 篇。中国电机工程学会电力信息化专业委员会在中国"大数据元年"的契机下，于 2013 年 11 月 1 日发布了《中国电力大数据发展白皮书》。《中国电力大数据发展白皮书》首次对电力大数据提出了定义与特征，极大推动了中国电力大数据事业的发展。在此背景下，电力数据研究的相关学术期刊呈现出了快速增长的趋势。2013 年 1 月至 2022 年 11 月，发表相关学术期刊论文最少的年份也达到了 19 篇, 且这期间电力数据研究相关学术论文年平均发表量达到了近 30 篇, 是 2000～2012 年年平均相关学术期刊发表量的 3.75 倍左右。

2. 相关学术期刊论文关键词共现

对相关学术期刊论文的关键词进行共现分析, 目的在于通过提取学术期刊论文中反复、共同出现的关键词和词组对, 考察国内电力数据研究的主题。本书主要使用 CiteSpace 软件进行关键词共现分析并绘制关键词共现图谱。图谱根据施引文献中关键词共现的情况绘制, 两个关键词出现在同一篇文献中即视为一次合作, 汇总所有关键词两两合作的情况可以得到关键词共现频次矩阵, CiteSpace 依据关键词共现频次矩阵绘制共现图谱, 从而实现对电力数据研究领域相关学术期刊论文的关键词可视化统计, 进而分析该领域的研究热点以及热点的演变过程。

将 NoteExpress 中收集的文献题录以 Refworks 格式导出, 在 CiteSpace 中进行题录格式转换后, 选择 Timespan 为 2000 年 1 月至 2022 年 11 月, Slice Length 设置为 1, 设置节点类型为 Keywords。在 CiteSpace 中有 7 种选择标准, 包括 g-index、Top N、Top N%、Thresholds、Citations、Usage180、Usage2013, 通过调节节点选择标准的阈值可以控制网络模型的图谱效果, 经过多次调试选取 Top N 作为最合适的选择标准。因此, 设置 Selection Criteria 为 Top 50 Per Slice, 运行后得到的网络节点数 N 为 553, 节点连线数 E 为 874, 即 CiteSpace 提取到 553 个关键词共现, 并且它们中某两个或几个共同出现在同一篇学术期刊论文中的频次为 874 次。如图 4-10 所示, 自动聚类标签视图共统计出 20 个聚类, 其中最主要的聚类有 1 个, 包含了聚类#0 至聚类#13 以及聚类#19。聚类#0 至聚类#13 分别为 "电力数据" "数据中心" "数据" "电力系统" "区块链" "数据挖掘" "云计算" "智能电力" "智能电表" "数据网" "数据治理" "接入层" "电力行业" "数据分析", 聚类#19 为 "电力企业"。它们表明了当前电力数据研究所蕴含的内核和研究方向。

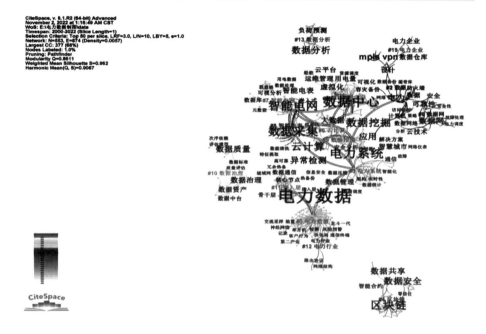

图 4-10　2000 年 1 月至 2022 年 11 月电力数据相关期刊论文关键词共现网络

3. 载文期刊刊载量分析

针对所载论文的刊名进行数据分析，并按其载文量进行排序，可以从中了解到电力数据研究涉及哪些领域。此处按载文量多少由高到低对出版相关文献的期刊进行排序，表中列出前十五名。据表 4-3 显示，所刊载文献最多的期刊为《电力信息与通信技术》，刊载了 20 篇文献，仅占总数的 5.04%；刊载文献最多的前 15 个期刊共计刊载 118 篇文献，仅占总数的 29.87%。因此，可以得出，已发表的有关电力数据研究的学术期刊文献，其离散程度较高，且根据研究相关期刊刊名可以得出，电力数据相关期刊论文大部分刊载于电力信息与通信技术类期刊、电力系统自动化类期刊、信息技术类期刊当中。

表4-3 2000年1月至2022年11月电力数据论文主要期刊刊载量

序号	期刊名称	数量（篇）	占比（%）
1	《电力信息与通信技术》	20	5.04
2	《电力信息化》	14	3.53
3	《电力系统自动化》	11	2.77
4	《电力系统通信》	9	2.27
5	《电子技术与软件工程》	8	2.02
6	《自动化与仪器仪表》	7	1.76
7	《信息技术》	6	1.51
8	《四川电力技术》	6	1.51
9	《电子设计工程》	6	1.51
10	《通讯世界》	6	1.51
11	《自动化应用》	5	1.26
12	《自动化技术与应用》	5	1.26
13	《电子测试》	5	1.26
14	《电测与仪表》	5	1.26
15	《中国新通信》	5	1.26

注：省略179种学术期刊，其中，11种期刊刊载4篇文献，11种期刊刊载3篇文献，45种期刊刊载2篇文献，112种期刊刊载1篇文献。

4. 参考文献"共被引"分析

参考文献"共被引"分析，是针对国内电力数据研究领域学术期刊、论文、著者的引用和被引用现象进行归纳概括，其目的在于揭示研究对象的特征及研究对象之间的关系。

根据CNKI检索结果，选择可视化分析，生成文献互引网络（见图4-11）。黑灰色圆点表示原始文献，黑色圆点表示参考文献，灰色圆点表示引证文献。通过文献互引网络可以发现3篇"被引"频次分别为49、29、247的文献，被引频次相对较高。

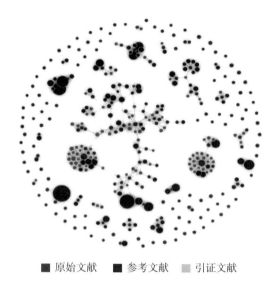

■ 原始文献　■ 参考文献　▨ 引证文献

图 4-11　电力数据学术期刊论文文献互引网络

（二）博、硕士学位论文的统计分析

1. 相关博、硕士学位论文年度论文量

在 CNKI《中国博士学位论文全文数据库》和《中国优秀硕士学位论文全文数据库》中，以篇名作为检索项，同样将"电力数据"作为关键词进行检索，辅以人工筛选并去重、去杂后，最终获得从 2000 年 1 月至 2022 年 11 月有关电力数据研究的博、硕士学位论文共计 59 篇，如图 4-12 所示。与电力数据相关学术期刊论文不同，博、硕士学位论文在 2000 年 1 月至 2022 年 11 月总体数量较少，并且呈现出波浪式增长的趋势，以及出现某一年发表篇数相对较多，下一年或两年期间内发文量相对较少的"大小年现象"。

2. 相关博、硕士学位论文关键词共现

选择 Timespan 为 2000 年 1 月至 2022 年 11 月，Slice Length 设置为 1，设置节点类型为 Keywords。选取 Top N 为选择标准。因此，设置 Selection Criteria 为 Top 50 Per Slice，运行后得到的网络节点数 N 为 97，节点连线数 E 为 122，

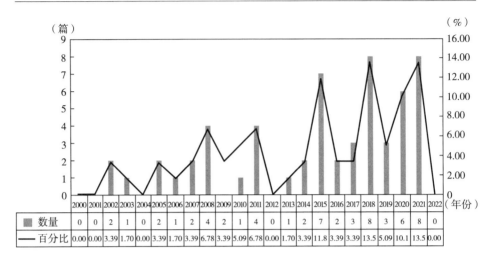

	2000	2001	2002	2003	2004	2005	2006	2007	2008	2009	2010	2011	2012	2013	2014	2015	2016	2017	2018	2019	2020	2021	2022
■ 数量	0	0	2	1	0	2	1	2	4	2	1	4	0	1	2	7	2	3	8	3	6	8	0
— 百分比	0.00	0.00	3.39	1.70	0.00	3.39	1.70	3.39	6.78	3.39	5.09	6.78	0.00	1.70	3.39	11.8	3.39	3.39	13.5	5.09	10.1	13.5	0.00

图 4-12　2000 年 1 月至 2022 年 11 月电力数据相关学位论文年度论文量

即 CiteSpace 提取到 97 个关键词共现，并且它们中某两个或几个共同出现在同一篇博、硕士学位论文中的频次为 122。如图 4-13 所示，自动聚类标签视图共统计出多个聚类，其中最主要的聚类为#0"故障诊断"和#1"数据挖掘"。从聚类#0 的关键词中我们可以得出电力数据研究目前在多个领域内均有涉及，如区块链技术领域、数据挖掘领域、数据采集领域、数据压缩领域等。

3. 相关博、硕士学位论文授予单位分析与学位类型分析

国内学位论文授予单位以及学位类型的分布情况如表 4-4、表 4-5 所示。其中华北电力大学学者对电力数据研究领域较为关注，发表相关的博、硕士学位论文最多。对比表 4-4 数据可以判断，华北电力大学相比其他高校，在国内电力数据研究中处于较为前沿的领域。相关博、硕士学位论文的作者主要分布在电力工业学、自动化技术、计算机软件及应用等领域。

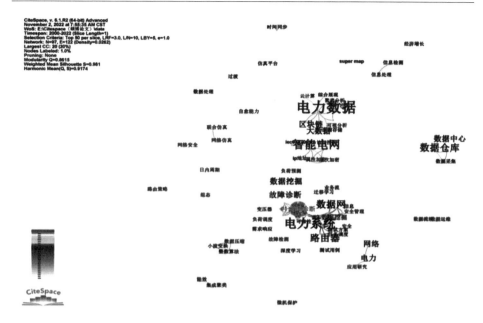

图 4-13　电力数据相关学位论文关键词共现网络

表 4-4　2000 年 1 月至 2022 年 11 月电力数据相关学位论文授予单位分布

序号	学位论文授予单位	数量（篇）
1	华北电力大学	9
2	北京邮电大学	3
3	东北大学	3
4	山东大学	3
5	浙江大学	3
6	重庆大学	3
7	北京交通大学	2
8	电子科技大学	2
9	东南大学	2
10	广东工业大学	2
11	湖南大学	2
12	厦门大学	2
13	天津大学	2

注：省略 21 所授予单位，每个学位授予单位各 1 篇。

表4-5　2000年1月至2022年11月电力数据相关学位论文学位类型分布

学位类型	数量（篇）
硕士学位	57
博士学位	2
合计	59

4. 参考文献"共被引"分析

根据CNKI检索结果，选择可视化分析，生成文献互引网络（见图4-14）。黑灰色圆点表示原始文献，黑色圆点表示参考文献，灰色圆点表示引证文献。通过文献互引网络可以发现，2018~2020年出现了2篇"共被引"频次相对较高的文献，分别是来自浙江大学的王毅星编写的《基于深度学习和迁移学习的电力数据挖掘技术研究》和来自东南大学的学者朱克东编写的《智能电网环境下电力数据挖掘研究》。其中前者的被引用频次是105次，后者的被引用频次是22次。两篇文献都从数据挖掘、分析的角度，对如何从庞大的电力数据中高效、深度地利用数据，提取有价值的信息，最终为实际问题服务进行了深入探究。

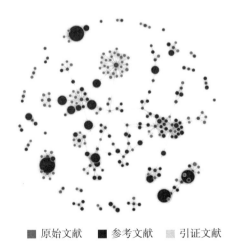

■原始文献　■参考文献　▨引证文献

图4-14　电力数据博、硕士学位论文文献互引网络

二、数据管理评估文献计量分析

（一）学术期刊论文的统计分析

数据管理是指为了交付、控制、保护并提升数据和信息资产的价值，在其整个生命周期中制订计划、制度、规程和实践活动，并执行和监督的过程[①]。

在CNKI《中国学术文献网络出版总库》中，分别以篇名和关键词作为检索项，将"数据管理"分别与"评估""评价""评判""评析""测评""比较"进行配组检索，辅以人工筛选并去重、去杂。最终获得数据管理评估研究的期刊论文共107篇（见表4-6）。

表4-6　2010年1月至2022年11月数据管理评估相关期刊年度论文量

年份	数量（篇）
2010	6
2011	2
2012	3
2013	4
2014	3
2015	11
2016	9
2017	14
2018	17
2019	15
2020	11
2021	9
2022	3
合计	107

---

① DAMA国际 . DAMA数据管理知识体系指南［M］. 北京：机械工业出版社，2021.

针对所载论文的刊名进行数据分析，并按其载文量由大到小进行排序，如表4-7所示。其中，《图书情报工作》刊载论文量较多，共6篇；《情报理论与实践》其次，共3篇。刊载相关期刊论文的主要是图书情报类期刊和电子技术与软件工程类期刊。

表4-7　2010年1月至2022年11月数据管理评估论文主要期刊刊载量

序号	期刊名称	数量（篇）
1	《图书情报工作》	6
2	《情报理论与实践》	3
3	《图书情报知识》	2
4	《图书馆建设》	2
5	《图书馆论坛》	2
6	《图书馆学研究》	2
7	《现代情报》	2
8	《计算机应用》	2
9	《安徽农业科学》	2
10	《海洋开发与管理》	2
11	《软件和集成电路》	2
12	《软件》	2
13	《药学学报》	2
14	《电子技术与软件工程》	2
15	《中国管理信息化》	2

注：省略72本发表相关论文的期刊，均刊载1篇期刊论文。

（二）博、硕士学位论文的统计分析

在CNKI《中国博士学位论文全文数据库》和《中国优秀硕士学位论文全文数据库》中，分别以篇名和关键词作为检索项，将"数据管理"分别与"评估""评价""评判""评析""测评""比较"进行配组检索，辅以人工筛选并去重、去杂。最终获得数据管理评估研究的博、硕士学位论文共65篇

（见表4-8）。

表4-8　2010年1月至2022年11月数据管理评估相关学位论文年度论文量

年份	数量（篇）
2010	4
2011	3
2012	6
2013	11
2014	7
2015	5
2016	6
2017	6
2018	4
2019	4
2020	4
2021	4
2022	1
合计	65

经过对相关博、硕士学位论文专题的研究可以发现，国内相关学位论文的作者分布在经济与管理学、图书情报学、计算机学等多个领域。

三、合规管理评估文献计量分析

（一）学术期刊论文的统计分析

在CNKI《中国学术文献网络出版总库》中，分别以篇名和关键词作为检索项，将"合规管理"分别与"评估""评价""评判""评析""测评""比较"进行配组检索，辅以人工筛选并去重、去杂。最终获得合规管理评估研究的期刊论文共19篇（见表4-9）。

表 4-9　2010 年 1 月至 2022 年 11 月合规管理评估相关期刊年度论文量

年份	数量（篇）
2010	2
2011	2
2012	2
2013	0
2014	0
2015	2
2016	0
2017	1
2018	3
2019	1
2020	1
2021	2
2022	3
合计	19

针对所载论文的刊名进行数据分析，并按其载文量由大到小进行排序，如表 4-10 所示。除《计算机安全》《征信》《质量与认证》刊载了 2 篇期刊论文以外，其他期刊均只刊载一篇相关论文，离散程度较高。

表 4-10　2010 年 1 月至 2022 年 11 月合规管理评估论文主要期刊刊载量

序号	期刊名称	数量（篇）
1	《计算机安全》	2
2	《征信》	2
3	《质量与认证》	2
4	《国际工程与劳务》	1
5	《金融监管研究》	1
6	《金融经济》	1
7	《施工企业管理》	1
8	《人民检察》	1

续表

序号	期刊名称	数量（篇）
9	《农业发展与金融》	1
10	《西南金融》	1
11	《中国农村金融》	1
12	《中国律师》	1
13	《中国内部审计》	1
14	《中国商论》	1
15	《财政监督》	1
16	《东方企业文化》	1

（二）博、硕士学位论文的统计分析

在 CNKI《中国博士学位论文全文数据库》和《中国优秀硕士学位论文全文数据库》中，分别以篇名和关键词作为检索项，将"合规管理"分别与"评估""评价""评判""评析""测评""比较"进行配组检索，辅以人工筛选并去重、去杂。最终获得合规管理评估研究的博、硕士学位论文共 20 篇（见表 4-11）。

表 4-11　2010 年 1 月至 2022 年 11 月合规管理评估相关学位论文年度论文量

年份	数量（篇）
2010	1
2011	1
2012	1
2013	0
2014	1
2015	1
2016	5
2017	1
2018	0
2019	2

续表

年份	数量（篇）
2020	2
2021	3
2022	2
合计	20

经过对相关博、硕士学位论文专题的研究可以发现，相关学位论文的作者主要分布在经济与管理科学研究领域，占相关学位论文作者总数的半数以上。

第五章　电力企业数据合规风险评估

第一节　数据合规风险库的构建

电力企业数据合规风险评估，首先必须解决的问题是构建电力数据合规风险指标库。本章通过对专家的调查，运用德尔菲法构建电力数据合规风险指标库。采用定性和定量相结合的综合评价方法，一方面保证了研究方法的科学性和快捷性，另一方面提高了研究结果的合理性和可靠性。

一、研究方法

本书采用德尔菲法构建电力企业数据合规风险评估指标库。德尔菲法本质上是一种反馈匿名函询法，又称专家规定程序调查法。通过函询形式进行集体匿名交流，经过几次反复征询和反馈，最后获得具有高准确率的集体判断结果。20 世纪 40 年代由 O. 赫尔姆和 N. 达尔克首创，具有匿名性、反馈性、统计性等特点。1964 年美国兰德公司首次使用这种方法进行定性预测。该方法主要是由调查者拟定量表，采用通信方式将调查表分别单独发送到各位专家手中征询意见，然后将所有专家的意见和预测结果回收汇总，再分别反馈给各个专家，再次征询意见，然后再汇总，这样多次反复，直至得出一致的预测结果的决策方法①。其特点在于集中专家的经验与意见，并在不断的反馈和修改中最终确定意见。在整个预测过程当中，专家之间互不交流、互不往来，从而避免权威人物的意见左右他人判断，使各位专家能够真正发表自己的看法。经过数年完善，现如今德尔菲法已不再仅用于预测事件结果，还广泛应用于各个领域，辅助研究者构建各种评价指标体系。

德尔菲法基本步骤如下：

一是根据研究的课题拟订调查计划。二是根据课题指标的研究方向成立专家组。三是向专家组内所有专家说明调查目的、内容，提出相关问题和要求，提供研究所需的相关背景资料，并设计相关研究调查问卷。四是组织专家进行第一次答询并接收反馈。研究者将所有专家的反馈意见收集起来，加以整理、归纳、统计后，对问卷问题进行修改，同时提出新的问题，重新分发给各位专家进一步征询意见。经过多次反馈，直至形成较为统一协调的意见，或专家组成员不再改变自己的意见为止。该方法可以集思广益，并且在一定程度上避免了群体决策中可能存在的缺陷，使每个参与决策的成员都能有机会发表自己的意见。但该方法仍然具有主观性较强、人力资源消耗大、信息处理工作量大等缺点。

二、确定数据合规风险评估场景

保障数据安全对于数据的正常使用至关重要，一旦数据被窃取或者被篡改，会带来不可估量的损失。相较于传统资源，数据的安全保障条件更为严苛，其潜在的威胁主要包括②：

---

① 张素琴. 基于德尔菲法的航材仓库绩效评估指标体系构建研究 [J]. 环境技术，2021 (5)：210-226.

② 彭超，靳黎忠，李中文等. 面向数据全生命周期的数据安全风险分析 [J]. 数字通信世界，2022 (2)：99-101.

一是外部攻击。不法分子入侵数据库后进行对数据的窃取、篡改和恶意删除等操作。二是内部攻击。内部工作人员有意或者无意的操作造成数据泄露和数据丢失。三是存储介质因素。因存储介质损坏造成数据丢失，或是由于物理因素（磁盘损坏）造成的数据丢失。四是非人为不可抗力因素。由于自然灾害等因素引起的关键数据丢失以及损失。

表 5-1 从数据自产生到消亡的整个生命周期的角度，对数据的安全性进行分析，详细阐述了各个阶段的安全隐患和风险。

表 5-1　数据合规风险评估场景

数据活动	数据合规风险识别场景
数据采集	自主渠道的数据线上采集
	非自主渠道的数据线上采集
	线下自主采集获取数据
	公共场所获取数据
	与合作方合作收集数据
数据存储	生产控制大区数据存储
	互联网大区数据存储
	数据存储通用要求
数据传输	集团内部数据传输
数据处理	单位内部基于业务目的的数据汇聚融合
	用户画像
	数据批量导出
	业务目标实现使用
	数据展示
	自动化决策
数据交换	集团内部共享
	公权力机关依职权调取
	公益服务及商业增值
	个人信息转移处理义务
	数据的委托处理

续表

数据活动	数据合规风险识别场景
数据交换	数据的公开
	数据跨境
	数据交换通用要求
数据销毁	数据替换引起原有设备上数据销毁
	内部管理所需的数据销毁
	遵照双方协议、法律法规要求
	数据销毁通用要求
通用合规要求	个人信息特殊处理场景
	组织结构及人员
	管理制度
	技术措施

三、确定数据合规风险阶段

构建风险评估指标库首先需要深入企业内部，对企业内各个部门的业务情况进行调研，收集各部门在实际业务当中遇到的各类数据风险事件，结合相关文献和理论依据（数据全生命周期理论），初步整理出数据合规风险评估指标库，供后续的专家访谈使用。指标库充分结合了企业外部环境与业务特征，对风险分类框架进行了全方位的考量。整体框架依据数据全生命周期理论，基本覆盖了企业内部与数据合规相关的各类经营、管理业务。其中，在各个数据生命周期内均有可能发生的风险事件以及在数据全生命周期之外的风险事件均归纳为通用合规。

根据前期对电力企业各部门业务情况的调研结果，将企业可能发生的各类数据合规风险按数据所处的各个生命周期进行归纳整理，可归纳为数据采集风险、数据存储风险、数据传输风险、数据处理风险、数据交换风险、数据销毁风险，将归纳所得的六大类风险与通用合规风险作为数据合规风险评估指标库中的一级风险指标。

（一）数据采集风险

在大数据时代，数据采集设备越来越智能化，所应用的业务场景也越来越多。基于此背景，用户或单位应对数据何时、何地被采集；通过何种方式被采集；数据采集方是否获得了个人或单位的同意；采集手段是否合法；是否严格履行数据保密管理要求或规定，享有一定的知情权。同时，个人或单位也拥有拒绝数据采集或撤销数据采集同意的权利。然而，企业在数据采集的过程中，往往容易忽略对被采集方数据权益的保护，或是利用技术优势、法律政策漏洞和信息差，获得用户的虚假同意①。同时，当今时代背景下的数据被采集方对自身数据权益的保护意识还不够强，这点在数据被采集方为个人用户时体现得尤为明显。因此，在数据采集阶段企业面临的数据合规评估风险主要包括数据采集方式、目的不合理、不合法；数据采集未履行告知义务；未按要求保障个人信息的撤回同意权、知情权、决定权、查阅复制权和转移权等。

（二）数据存储风险

企业所采集的数据量往往是巨大的，而这些庞大的数据都会在云服务器中存储下来。当企业有需求时，就可以利用大数据分析、挖掘方法将其转化为有价值的信息资源。但在数据存储阶段，数据存储方和数据主体应共同享有知晓数据存储状态的权利，同时数据存储方应对数据资产尽保护义务。因此，在数据存储阶段企业面临的数据合规风险主要包括未履行网络安全保护义务和数据安全保护基本要求及数据存储超时等。

（三）数据传输风险

随着通信网络的不断迭代，数据流动传播的方式也不断更新换代。高速移动通信网络的出现，为数据传输带来了极大的便利，相应保障数据在传输过程中的安全性、完整性、保密性也变得越发重要。因此，数据传输阶段企

---

① 朱光，丰米宁，刘硕. 大数据流动的安全风险识别与应对策略研究——基于信息生命周期的视角［J］. 图书馆学研究，2017（9）：84-90.

业面临的数据合规风险主要包括数据传输未采取、未落实应有的保密措施和未采取安全的数据传输手段等。

（四）数据处理风险

在大数据时代，信息的数量过于庞大，要想实现信息资源共享，提供优质智慧信息服务，就需要对无序的数据进行处理，将其转换为具有一定价值的信息资源。在数据处理的不同业务场景下，处理的目的、处理的范围以及处理的方式手段等各环节都需要合乎国家法律法规和行业监管规定。因此，数据处理阶段企业面临的数据合规风险主要包括数据使用不合法合规，未履行个人信息处理者基本义务和数据安全保护义务，数据信息处理方式违反规章制度、技术要求等。

（五）数据交换风险

数据资产可以通过在企业内部或企业之间进行数据交换实现资产的升值，为企业带来更多的实际收益。但数据交换的业务场景十分复杂，可能涉及多方数据主体间的权益关系，因此数据交换过程中可能发生的风险事件也较多。在进行数据交换的过程中企业往往容易忽略数据来源的合法性、数据交换的合法性、数据调取手续是否完备以及数据交换是否经过数据主体的同意及授权等问题。除去数据交换中制度层面的风险，在技术层面上，是否采取数据脱敏、加密保密、访问授权、安全审计等措施，都是企业在进行数据交换过程中需要加以关注的问题。数据交换阶段企业面临的数据合规风险主要包括存储数据超过必要时间，未履行数据保密管理要求，数据交换违反法律法规和规章制度等。

（六）数据销毁风险

在数据销毁阶段，数据本身具有的价值和时效性已基本丧失。因此，在数据销毁阶段，企业的风险防控措施不如前几个阶段。但数据持有者仍然可以利用前期数据预测用户行为，或利用原始数据进行数据溯源。由此看来，数据销毁阶段需要防范数据超时销毁、未按要求销毁、未按服务的数据范围进行销毁的风险。

　　根据当前已颁布的国家政策、法律法规、监管规定、行业准则、规章制度对电力企业提出的数据合规要求，以及数据合规风险评估指标库的构建原则，对 7 个一级风险指标依据不同的风险行为、所触犯的制度以及数据合规风险事件的各项属性特征进行分析判断，判断标准包括影响程度、发生可能性、业务场景、涉及数据、事件之间的相互影响等。通过对各具体风险的评价标准、事件特征以及管理现状进行分析、梳理、判断，识别出 139 个二级风险指标，初步构建出数据合规风险指标库。指标库涵盖了电力企业在数据合规领域可能面临的 7 个一级风险以及 139 个二级风险，如图 5-1 所示。

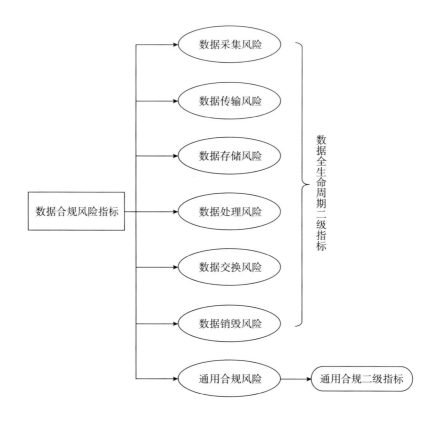

图 5-1　数据合规风险指标结构

四、确定数据合规风险指标库

初步建立数据风险评估指标库后，采用德尔菲法分别通过微信、邮件以及线上访谈的形式向多名具有多年从业经验（≥10年）的相关从业人员以及具有行业影响力的数据合规专家进行了线上意见征询。专家选取遵循德尔菲法的原则，结合研究课题的具体内容，充分考虑所选专家的权威性和代表性。同时控制好所选专家的年龄结构，使专家意见更全面。依据德尔菲法的程序，采取背对背的形式，使每一位专家独立做出判断。专家与专家之间互不交流，互不发生横向联系，只与组织人员进行对接。组织人员将初步构建的数据合规风险指标库发送给专家阅览，由专家对指标库进行综合评判，并提出相应的调整意见。本次共征询了8名专家的意见建议，根据专家的反馈制定出数据合规评估指标库专家意见反馈（见表5-2）。

表5-2　专家意见反馈

一级指标	专家调整意见
数据采集风险	先写场景再写描述，或进行场景分层； 需提出公共场所采集设置提示的核心要点
数据存储风险	涉密事项目录建议进行说明； "可回溯至原始信息的信息"建议举例说明
数据处理风险	二级风险指标1、6、12重复度过高，可进行合并； 二级风险指标9、19重复度过高，可进行合并
数据交换风险	二级风险指标1、2重复度过高； 二级风险指标3、8、14、15、16重复度过高，建议合并； 二级风险指标32建议根据业务场景进行拆分
数据销毁风险	二级风险指标3、4、5、6、9均针对时间期限进行数据销毁，建议合并

根据意见反馈表中的内容，将初步构建的数据合规风险指标库进行进一步完善：

一是在风险库中说明各个风险指标所对应的风险行为，为风险行为设置

——对应的风险行为编号，并说明该风险行为所涉嫌违反的国家政策、法律法规、监管规定、行业准则和规章制度，同时对反馈意见中可能涉及重复的风险行为进行合并或拆分。

二是对数据合规评估风险指标库进行初步修改后，在线下对 3 名专家进行深度访谈，将根据 8 名专家意见建议做出调整后的数据合规风险评估表与 3 名专家进行交流探讨，收集 3 名专家的态度和想法，将风险指标按业务场景和涉及的数据类型进行划分。

数据类型统一划分为个人信息、重要数据、企业秘密数据三类，数据采集部分依据业务场景划分为线上采集、线下采集、合作方收集；数据存储部分依据业务场景划分为生产控制大区、互联网大区；数据传输部分依据业务场景划分为与第三方间的传输、集团内部传输；数据处理部分依据业务场景划分为单位内部的数据汇聚融合、用户画像、数据批量导出、业务目标实现使用、数据展示以及自动化决策；数据交换部分划分为集团内部共享、向集团外部提供、数据对外开放、个人信息转移处理、数据委托处理及数据公开和数据跨境；数据销毁部分划分为设备替换引起的原有设备上的数据销毁、内部管理所需的数据销毁，以及遵照双方协议、法律法规要求开展的数据销毁。

三是将 139 个二级指标根据所划分的业务场景和数据类型进行合并。例如，由于在数据采集过程中，无论是线上采集，还是线下采集，都需要在已获得用户同意的前提下收集个人信息，一旦未经用户同意，以技术手段私自获取公民个人信息，便可能发生合规风险。尽管业务场景不同，但合规要求是一致的，因此，对两个指标进行合并。

将业务场景不同但风险行为相同的 42 个风险指标合并为 17 个风险指标。最后基于数据全生命周期理论，经多轮专家访谈对风险指标库进行调整，最终构建了涵盖 7 个一级风险指标和 114 个二级风险指标的电力企业数据合规风险评估指标库（见表5-3）。数据合规风险评估指标库有助于持续识别企业所面临的各类风险，并进行系统的分类和管理。同时，也为后续构建数据合规风险评估体系、进行数据合规风险评估奠定基础。

表 5-3　电力企业数据合规风险评估指标

一级指标	二级指标
数据采集	Q1：线上采集使用个人信息未获用户知情同意
	Q2：法定情形外未经个人同意线上采集个人信息
	Q3：线上采集个人信息缺少隐私政策
	Q4：线上采集个人信息未履行告知义务
	Q5：线上采集未按要求实现个人信息的撤回同意权、知情权、决定权、查阅复制权和转移权
	Q6：线上收集个人信息违反必要原则
	Q7：未按法律法规要求收集、使用数据，未履行公司数据保密管理要求
	Q8：超范围爬取公司内部数据
	Q9：以错误方式使用物联网设备采集个人信息
	Q10：与合作方合作收集数据来源不合规
数据存储	Q11：存储个人信息超过主体授权期限
	Q12：存储个人信息超过必要时间
	Q13：存储敏感个人信息未采用加密等安全措施
	Q14：未履行个人信息处理者基本义务
	Q15：违法处理敏感个人信息
	Q16：在境外存储个人信息和重要数据
	Q17：存储数据时相关网络日志未达到必要时长
	Q18：数据存储未履行网络安全保护义务
	Q19：数据存储未按规定开展等级保护和备案工作
	Q20：重要数据、企业秘密数据存储违约
	Q21：在生产控制大区未落实分区存储要求
	Q22：在生产控制大区未落实认证加密要求
	Q23：在互联网大区存储的个人信息超过存储必要时长
	Q24：数据在互联网大区未加密存储或未经过脱敏处理后存储
	Q25：重要数据在互联网大区超时存储
	Q26：在互联网大区存储商业秘密数据

续表

一级指标	二级指标
数据传输	Q27：传输敏感个人信息时未采取安全措施
	Q28：数据传输未履行数据安全保护义务与基本要求
	Q29：收集使用个人信息不正当不合法
	Q30：数据传输未履行审计记录要求
	Q31：采用互联网渠道交互业务数据的安全性较低
数据处理	Q32：数据处理周期中非法加工个人信息
	Q33：数据汇聚融合后未开展个人信息保护影响评估
	Q34：数据汇聚融合场景下加工质量较低的个人信息，且后续使用会对个人权益造成不利影响
	Q35：处理重要数据时危害国家安全与公共利益
	Q36：处理企业秘密数据时违反保护原则，不符合协议约定及企业规章制度
	Q37：对个人信息主体的特征描述存在违法和歧视等内容
	Q38：个人信息使用未限制数据特征
	Q39：数据批量导出未经评估、未受审批
	Q40：数据批量导出未采取必要安全防护
	Q41：数据处理中收集使用个人信息不正当不合法
	Q42：数据展示违反个人信息个性化展示要求
	Q43：敏感数据展示未满足粒度要求
	Q44：自动化决策违反公正透明要求
	Q45：自动化决策违反解释说明要求
	Q46：自动化决策违反复核修正要求
数据交换	Q47：集团内部共享交换数据时未履行公司数据保密管理要求及法律法规要求
	Q48：集团内部共享数据信息时非法获取、出售、提供个人信息
	Q49：集团内部共享个人信息时未按公司负面清单、非负面清单要求使用管理
	Q50：数据调取手续不完备
	Q51：超范围提供数据
	Q52：无正当理由拒绝向监管机构提供数据
	Q53：数据提供不符合协议
	Q54：数据对外开放没有签订相应的合同、协议，没有约定数据使用目的、方式等
	Q55：对外提供数据时违反特殊许可备案要求
	Q56：数据对外开放未履行保密要求

续表

一级指标	二级指标
数据交换	Q57：数据对外开放未评估合作方数据安全能力
	Q58：未履行个人信息转移处理义务
	Q59：委托人未履行数据委托处理义务
	Q60：受托人未履行数据委托处理义务
	Q61：数据公开依据不充分
	Q62：违法公开个人信息
	Q63：非法向境外提供个人信息
	Q64：未通过网信部门安全评估认证向境外提供个人信息
	Q65：一般情形下，无正当理由向境外传输个人信息
	Q66：数据跨境时提供方未采取保障接收方数据处理活动达到法律标准的必要措施
	Q67：向境外提供个人信息时未履行告知义务，未获得数据主体同意
	Q68：关键信息、基础重要数据出境未进行安全评估
	Q69：其他重要数据出境未按规定办法执行
	Q70：数据跨境传输时违反数据出口管制的相关法律法规要求
	Q71：数据跨境传输时境外接收方被国家网信部门列入限制或者禁止个人信息提供清单
	Q72：数据跨境时未开展个人信息保护影响评估，且违反相关机构、相关评估报告的要求
	Q73：违反法律规定进行个人信息出境
	Q74：数据跨境不符合当地有关数据合规的相关规定
	Q75：由境外产生并跨境传输至境内的数据是非法、负面信息
	Q76：未执行明细数据不对外提供的原则
	Q77：数据共享未按需采取数据保密管理措施
数据销毁	Q78：设备替换后的数据销毁未满足销毁数据的复制要求
	Q79：设备替换后数据复制介质上的数据未销毁
	Q80：未按照内部管理数据存储的时限要求销毁数据
	Q81：未按照法律法规、公司数据保密管理要求及时销毁数据
	Q82：删除要求不符合法律法规或双方约定
	Q83：未按要求主动删除、更正个人信息
	Q84：未严格执行数据逻辑销毁及物理销毁
	Q85：未严格按照服务的数据范围进行销毁

续表

一级指标	二级指标
通用合规	Q86：未建立个人信息保护负责人/机构或指定代表
	Q87：个人信息处理者未成立独立机构对个人信息保护情况进行监管
	Q88：数据处理活动违反重要数据处理者的组织结构及人员要求
	Q89：数据处理活动违反数据安全管理制度要求
	Q90：未履行个人信息处理者基本义务
	Q91：管理制度中，特定的个人信息处理者未履行个人信息保护义务
	Q92：开展数据处理活动时，未履行风险监测要求或未采取补救措施
	Q93：发生数据安全事件时，未立即采取处置措施或未履行告知义务
	Q94：发生或可能发生个人信息安全事件时，未立即采取补救措施
	Q95：发生数据安全事件时，未履行通知要求，以避免危害结果
	Q96：重要数据处理活动违反风险评估要求
	Q97：未开展个人信息保护影响评估
	Q98：未定期进行合规审计
	Q99：数据处理活动违反数据安全审查制度
	Q100：未建立个人信息申请受理及处理机制
	Q101：未将重要数据评估活动予以记录
	Q102：个人信息评估报告及处理记录未达到保存时限
	Q103：未落实数据分类分级保护要求
	Q104：未建立针对被授权访问人员的访问控制策略
	Q105：数据处理活动中未对重要操作设置内部审批流程
	Q106：未对相应的人员角色进行分离设置
	Q107：授权特定人员超权限处理数据，未开展审批、记录工作
	Q108：数据处理活动未采取必要技术措施
	Q109：个人信息授权变更后未重新获取授权
	Q110：无必要目的、无保护措施处理敏感个人信息
	Q111：处理敏感个人信息未履行告知义务
	Q112：未开展敏感个人信息保护影响评估
	Q113：处理不满14周岁未成年人个人信息未获监护人授权
	Q114：未制定不满14周岁未成年人的个人信息处理规则

第二节　风险评估方法的选择

确定适合项目研究的风险评估技术方法，首先应从方法的相关性以及适用性的角度选择风险评估技术方法。同时，风险评估技术方法的选择应考虑以下几个要素：一是研究目标的特征，有的研究目标需要深挖研究对象内部存在的各种联系，有的则不需要太细致地分析模型和输出结果；二是分析风险的类型及范围；三是决策者的需要，某些决策的制定实施需要充分的细节，但有的决策并不需要；四是后果的潜在严重程度；五是专业程度、人力资源和其他资源的要求，一般来说，在风险评估过程中所付出的资源和精力应当与潜在风险的等级相一致；六是法律法规或合同要求；七是可用的数据或信息量，数据和信息量越多，类型越丰富，能使用的评估方法种类就越多；八是修改或更新风险评估的需要，此时需要选择易于调整的风险评估方法。当项目需要综合多种研究结果进行对比时，项目所选择的方法以及评估结果应当具有可比性。

风险评估方法主要分为三类，分别为定性评估方法、定量评估方法、定性定量相结合的方法。常用的评估方法包括问卷调查法、审查审计法、层次分析法、故障树分析法和风险矩阵法等。不同的方法各有其优缺点，适用于不同的场景，因此，需要根据客观实际情况灵活选择。表5-4为几类风险评估方法汇总。

表 5-4　风险评估方法①

方法名称	性质	主要作用	优势	劣势
问卷调查法	定性	通过发放调查问卷收集各种可识别的风险信息,以判别风险	评估过程具有较强的连贯性,受访者参与度相对较高	主观性较强,风险识别依赖于问卷编写者的历史经验及知识结构,可能导致部分风险无法被准确识别
马尔可夫分析	定量	通常用于对存在多种状态的可维修复杂系统进行分析	能够计算出具有维修能力和多重降级状态的系统的概率	①无论是故障还是维修,都假设状态变化的概率是固定的;②所有事项在统计上具有独立性,因此未来的状态独立于一切过去的状态;③需要了解状态变化的各种概率;④有关矩阵运算的知识比较复杂
模糊综合评价法	定量	应用模糊集合论方法对决策活动所涉及的人、物、事及方案等进行多因素、多目标的评价和判断	适用于多因素分析,同时一定程度上降低了评价难度	仅依靠该方法难以分析多层次、多要素的问题,需要结合其他方法
保护层分析(LOPA)	定性定量相结合	也称为障碍分析,可以对控制及其效果进行评价	可以方便地确定过程风险能否被接受	需要具备专业的风险评估知识,运用难度较高
层次分析法	定性定量相结合	用一定标度对人的主观判断进行客观量化,在此基础上进行定性分析和定量分析	适用于多目标的复杂风险评价,一般情况下研究者可以自己使用并决策	仍然摆脱不了一定的主观性;对于评价的对象、因素以及总的决策目标也有一定的要求,要存在递阶的结构
风险矩阵法	定性定量相结合	通过识别、分析风险,对风险做出评价,并在二维坐标系中定位其风险等级	可操作性强,适用面广泛	仍具有一定主观性存在

　　国务院国资委在 2006 年 6 月 6 日发布的《中央企业全面风险管理指引》的附录《风险管理常用技术方法简介》中,所介绍的第一种方法即为“风险矩阵法”。经过对比几类风险评估方法,结合电力企业数据合规管理现状以及在实际运用时的可操作性和复杂程度,最终决定采取风险矩阵法对电力企

---

①　王晓娟.奥的斯电梯公司供应链风险识别与评估研究〔D〕.石河子:石河子大学,2020.

业数据合规管理进行风险评估。

第三节　电力企业数据合规风险矩阵法流程

运用风险矩阵法进行电力企业数据合规风险评估需要经过以下几个环节：首先，识别风险，建立风险清单；其次，制定风险矩阵分析标准，之后绘制风险矩阵图，得出各风险指标风险等级；最后，运用 Borda 序值法对风险指标进行排序。

一、风险识别

风险识别是发现、承认以及描述、记录风险的过程。该过程总体而言分分三步，先发现，再承认，最后进行描述和记录①。

（一）建立风险清单

在进行风险评估之前，首先需要分析评估对象当前所面临的风险点并对其进行更详细的分类及阐述，分类统计后形成风险清单。在风险评估的过程中，专家需要对风险清单中所列明的风险事件的各项特征、属性进行分析判断。整理、分析、评判各风险事件的管理现状及评价指标。

（二）指标的确立

在电力数据合规风险指标库建立过程中，通过线下研讨和问卷调查的形式，收集了专家组每一名专家对指标库内各项指标合理性的判断意见，将其分为非常合理、比较合理、合理、不太合理、极不合理五级，并分别赋予 5、4、3、2、1 分。根据回收的问卷，将问卷数据输入至 SPSS 25.0 中进行数据

---

① 李素鹏 . ISO 风险标准管理全解［M］. 北京：人民邮电出版社，2012.

的分析处理。

本次指标筛选通过分析各项指标的专家意见集中度以及意见协调度，作为筛选指标的依据，其中意见集中度为各个指标专家打分的算术平均值，通常认为专家意见集中度越高，则越适合作为评估指标；意见协调度为该指标打分的变异系数（CV），一般而言变异系数小于0.25的指标，其专家意见协调程度较好[1]。表5-5为电力数据合规风险指标库内114个指标专家意见集中度分析及协调度分析。

表5-5 专家咨询指标结果

序号		集中度	标准差	变异系数	处理结果
数据采集	1	3.900	0.700	0.179	保留
	2	3.700	0.640	0.173	保留
	3	3.500	0.671	0.192	保留
	4	4.100	0.943	0.230	保留
	5	4.100	0.943	0.230	保留
	6	3.900	0.943	0.242	保留
	7	3.100	0.700	0.226	保留
	8	4.200	0.872	0.208	保留
	9	4.000	0.894	0.224	保留
	10	3.500	0.806	0.230	保留
数据存储	11	2.700	0.640	0.237	保留
	12	3.200	0.748	0.234	保留
	13	3.600	0.663	0.184	保留
	14	4.100	0.831	0.203	保留
	15	3.900	0.700	0.179	保留
	16	4.800	0.400	0.083	保留
	17	3.300	0.458	0.139	保留
	18	4.100	0.700	0.171	保留

① 唐文姝."互联网+共享养老"服务模块内容指标体系的构建研究［D］.南昌：南昌大学，2022.

序号		集中度	标准差	变异系数	处理结果
数据存储	19	4.000	0.894	0.224	保留
	20	3.900	0.831	0.213	保留
	21	4.100	0.700	0.171	保留
	22	4.100	0.943	0.230	保留
	23	3.400	0.663	0.195	保留
	24	3.900	0.943	0.242	保留
	25	3.800	0.748	0.197	保留
	26	4.000	0.894	0.224	保留
数据传输	27	4.000	0.775	0.194	保留
	28	4.200	0.980	0.233	保留
	29	3.800	0.872	0.229	保留
	30	3.700	0.781	0.211	保留
	31	4.000	0.775	0.194	保留
数据处理	32	3.800	0.872	0.229	保留
	33	3.800	0.748	0.197	保留
	34	3.900	0.831	0.213	保留
	35	4.900	0.300	0.061	保留
	36	4.100	0.700	0.171	保留
	37	4.100	0.831	0.203	保留
	38	4.100	0.700	0.171	保留
	39	3.700	0.900	0.243	保留
	40	3.400	0.490	0.144	保留
	41	4.200	0.600	0.143	保留
	42	2.700	0.640	0.237	保留
	43	3.700	0.781	0.211	保留
	44	3.700	0.900	0.243	保留
	45	3.700	0.900	0.243	保留
	46	3.800	0.748	0.197	保留
数据交换	47	4.200	0.748	0.178	保留
	48	3.900	0.831	0.213	保留

序号		集中度	标准差	变异系数	处理结果
	49	3.800	0.748	0.197	保留
	50	4.300	0.900	0.209	保留
	51	4.000	0.775	0.194	保留
	52	3.900	0.943	0.242	保留
	53	4.000	0.894	0.224	保留
	54	4.100	0.831	0.203	保留
	55	3.900	0.943	0.242	保留
	56	4.100	0.831	0.203	保留
	57	4.300	0.900	0.209	保留
	58	3.700	0.781	0.211	保留
	59	3.900	0.831	0.213	保留
	60	3.900	0.831	0.213	保留
	61	4.200	0.600	0.143	保留
	62	4.200	0.748	0.178	保留
数据交换	63	4.600	0.490	0.106	保留
	64	4.500	0.500	0.111	保留
	65	4.300	0.900	0.209	保留
	66	4.200	0.748	0.178	保留
	67	4.400	0.917	0.208	保留
	68	4.000	0.894	0.224	保留
	69	4.200	0.600	0.143	保留
	70	4.100	0.943	0.230	保留
	71	4.400	0.663	0.151	保留
	72	4.300	0.458	0.107	保留
	73	4.700	0.640	0.136	保留
	74	4.200	0.748	0.178	保留
	75	4.400	0.800	0.182	保留
	76	3.900	0.831	0.213	保留
	77	3.900	0.943	0.242	保留
数据销毁	78	3.600	0.663	0.184	保留
	79	3.800	0.872	0.229	保留

续表

序号		集中度	标准差	变异系数	处理结果
数据销毁	80	3.800	0.872	0.229	保留
	81	3.900	0.831	0.213	保留
	82	4.200	0.872	0.208	保留
	83	3.800	0.872	0.229	保留
	84	3.600	0.800	0.222	保留
	85	4.000	0.894	0.224	保留
通用合规	86	3.400	0.800	0.235	保留
	87	4.100	0.831	0.203	保留
	88	3.500	0.806	0.230	保留
	89	4.200	0.872	0.208	保留
	90	4.100	0.831	0.203	保留
	91	4.000	0.632	0.158	保留
	92	3.700	0.900	0.243	保留
	93	3.900	0.700	0.179	保留
	94	3.800	0.872	0.229	保留
	95	4.000	0.894	0.224	保留
	96	3.900	0.831	0.213	保留
	97	4.400	0.663	0.151	保留
	98	3.900	0.943	0.242	保留
	99	4.000	1.000	0.250	保留
	100	3.500	0.806	0.230	保留
	101	3.000	0.632	0.211	保留
	102	3.900	0.831	0.213	保留
	103	3.700	0.900	0.243	保留
	104	3.600	0.800	0.222	保留
	105	3.800	0.872	0.229	保留
	106	4.000	0.447	0.112	保留
	107	3.600	0.800	0.222	保留
	108	4.000	1.000	0.250	保留
	109	3.700	0.900	0.243	保留
	110	3.800	0.748	0.197	保留

续表

序号		集中度	标准差	变异系数	处理结果
通用合规	111	4.100	1.044	0.255	保留
	112	4.200	0.872	0.208	保留
	113	4.100	0.943	0.230	保留
	114	4.000	0.894	0.224	保留

从以上结果中可以看出，电力数据合规风险指标库中专家对各项指标的意见集中度和意见协调度均在要求的范围之内，专家组对于本次指标选取具有认可度，因此，保留的114个指标可以列入风险清单。

二、制定风险矩阵分析标准

风险分析是指对风险的各项属性特征进行定性、定量的分析，为风险的评价和应对提供支持。在风险识别的基础上对风险事件的各项属性特征进行分析判断，包括对实现目标影响程度、发生可能性、现有应对措施、事件之间的相互影响等[1]。风险分析的详细程度，在一定程度上取决于风险分析目的差异性的大小以及可获取有效信息资源的多少。因此，风险分析可以是定性或定量的分析，也可以是两者的组合。

大多数风险指标为定性指标，难以直接运用于构建风险矩阵。通过德尔菲法可以对风险指标的风险发生可能性大小以及后果严重程度进行定量化处理，从而对指标进行量化分析。

（一）风险发生可能性评价准则（L准则）

风险发生可能性是指在公司目前的管理水平下，风险发生概率的大小[2]。本小节运用专家咨询法，以指标库中各个指标在时间不确定的情况下可能发

---

① 曹骞，陈宏观，顾晓霞等．风险管理标准在环境监测站的应用［J］．环境监测管理与技术，2015，27（2）：1-4.

② 庞庆堃，兰洋，程艳．强化风险管理 推进保密资格审查认定工作［J］．保密工作，2021（8）：55-57.

生的概率作为诠释风险相关性标准的依据,以定性和定量的方式将各个风险发生可能性分为 5 个等级,由小到大分别赋予 1~5 分:1 分表示该风险事件发生的可能性极低,一般情况下不会发生;5 分表示该风险事件发生的可能性极高,经常会发生。等级越高,风险发生的可能性越大。风险发生可能性评价准则如表 5-6 所示。

表 5-6 风险发生可能性评价准则

发生概率	对应等级	对应分值
X<10%	极不可能(Ⅰ级)	1
10%≤X<20%	不太可能(Ⅱ级)	2
20%≤X<40%	有点可能(Ⅲ级)	3
40%≤X<70%	比较可能(Ⅳ级)	4
X≥70%	非常可能(Ⅴ级)	5

(二)风险后果严重程度评价准则(C 准则)

风险后果严重程度是指该风险事件发生后,对单位、社会所带来的影响大小[①]。本小节基于电力企业实际业务与 X 电力企业《合规管理实施细则(试行)》构建风险后果严重程度评价准则。同时,运用专家咨询法,从以下 4 个维度出发对风险指标进行评价。分别为:违反数据合规义务可能遭受的制裁或处罚、对企业造成的声誉损失(包括影响范围与社会形象)、直接经济损失和信用损失。通过对 4 个维度的量化分级,形成风险后果严重程度评价准则(见表 5-7)。

---

① 郑霖,李智青,周然等. 新形势下海事综合风险管控研究 [J]. 交通运输部管理干部学院学报,2021,31(1):29-31.

表 5-7 风险后果严重程度评价准则

风险级别		I 级	II 级	III 级	IV 级	V 级
对应分值		1	2	3	4	5
制裁或处罚		违反地方规范性文件；处分、警告、责令改正，罚款 1 万元以下	违反国家强制性规范/标准；罚款 1 万元以上，100 万元以下	违反部门规章；没收违法所得，罚款 100 万元以上，追究相关人员责任	违反行政法规；暂扣或吊销许可证、营业执照、责令停产停业	违反法律；追究刑事责任
声誉损失	影响范围	在县所辖区内存在负面舆论报道	在地市范围内存在声誉损失	在省范围内存在声誉损失	在全国范围内存在声誉损失	在国际范围内存在声誉损失
	社会形象	企业社会形象受损很小，影响短期内可自行消除；对公司市场地位、资格以及销售情况无实质影响	企业社会形象受损较小，消除影响需要较少时间、较少代价；易发生遭受客户质询或因违规行为导致违约、支付违约金等事件	企业社会形象受损一般，消除影响需要一定时间、一定代价；易发生因违规行为导致的订单数额减少、客户退单、合同解除等事件	企业社会形象受损较大，消除影响需要很长时间、巨额代价；企业受到一定期限的制裁、黑名单、执业禁止等	企业社会形象受损很大，影响难以消除，代价难以计算，声誉损失不可逆转；企业受到永久制裁、黑名单、执业禁止等
直接经济损失		100 万元以下	100 万元及以上，1000 万元以下	1000 万元及以上，5000 万元以下	5000 万元及以上，1 亿元以下	1 亿元及以上
信用损失		针对风险即时调整，无需整改；或一年内整改合格可再次进入市场	一年内不允许进入市场	一至三年内不允许进入市场	三至五年内不允许进入市场	永久不允许进入市场
分数累加		[4, 6)	[6, 10)	[10, 14)	[14, 18)	[18, 20]
对应等级		轻微	不太严重	有点严重	比较严重	极其严重

  风险后果严重程度评价准则将各评价维度分为 5 个等级。同时，对 5 个等级由小到大分别赋予 1~5 分：1 分表示在该维度下该风险事件造成的影响轻微，为企业造成的损失极小；5 分表示在该维度下该风险事件造成的影响极大，对企业带来了不可弥补的损失。等级越高，风险发生所造成的后果越

严重。最后通过各评价维度的得分相加，可以得到该风险事件的后果严重程度得分。根据分值所在区间，确定该风险的后果严重程度评价等级。

三、绘制风险矩阵图

电力数据合规评估风险矩阵是以电力数据合规风险清单为基础，依据风险发生可能性评价标准与风险后果严重程度评价标准，对风险指标进行风险评价得到风险重要性评分，并在二维坐标系中反映风险评价结果及风险分布状况的空间分布图谱。运用风险矩阵可以准确、直观地展示风险等级分布状况与风险重要性特征序列关系。构建步骤如下：

（1）依据风险分析准则及风险重要性评分，将风险重要性程度分为低、中、高三个等级。其中各等级所对应的分值区间为：低风险为 $[1, 5)$，中风险为 $[5, 10)$，高风险为 $[10, 25]$，并依据此标准绘制风险矩阵图。之后按风险等级分值区间将坐标空间划分为低、中、高三个等级，分别按灰度对各区域进行标示加以区分。

（2）可结合公司的风险偏好调整对应分值。

（3）设 l_n 为风险发生可能性综合评分，c_n 为后果严重程度综合评分，邀请专家分别对各个指标进行风险发生可能性及后果严重程度打分后，按照专家等权的原则，采用算术平均值计算专家打分结果，作为企业数据合规风险发生可能性综合评分及后果发生严重程度综合评分。其中各综合评分区间对应的等级如表5-8所示。

表5-8　评价等级区间

评分区间	对应等级
$[1.0, 1.5)$	轻微/极不可能
$[1.5, 2.5)$	不太严重/不太可能
$[2.5, 3.5)$	有点严重/有点可能

续表

评分区间	对应等级
[3.5, 4.5)	比较严重/比较可能
[4.5, 5.0)	非常严重/非常可能

之后按照公式 $R_n = \bar{l}_n \times \bar{c}_n$（$n = 1$，$2$，$3$，$\cdots$，$i$）得出风险重要性评分 R_n，并在风险矩阵图中确定单个风险在矩阵图中所处的风险区。风险矩阵如图 5-2 所示。

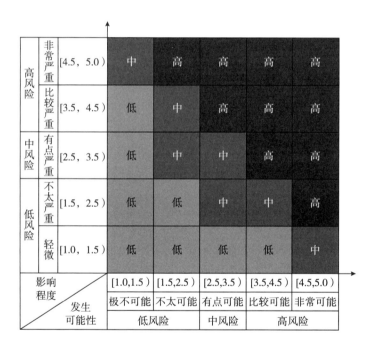

图 5-2　风险矩阵

高风险（黑色风险区）：当风险隶属于高风险区时，需要企业对高风险点及当前公司的经营状况加强关注，优化企业管理资源调配，制定专项处置方案，改善风险管理效果，提升风险管理水平。

中风险（黑灰色风险区）：当风险隶属于中风险区时，需要企业持续关注风险点及变化趋势，根据实际情况实时调配企业管理资源，保证风险管理效果和水平，防止风险升级。

低风险（灰色风险区）：当风险隶属于低风险区时，企业只需保持当前管理水平，视情况对风险管理资源做适当调整即可。

四、运用 Borda 序值法优化风险矩阵

（一）Borda 序值法

Borda 序值法源自投票理论，最早于 1977 年由法国数学家 Jena-Charles de Borda 提出，是一种典型的半定量方法。该方法为排序投票制，在投票时要求投票者在投票过程中不仅要表达出对候选者的偏好，还要根据偏好进行排序，并从高到低进行打分，最后通过计算候选者的累计得分选择最合适的候选者。Borda 序值法具体操作如下：

假设有 A、B、C 三个候选人，Borda 序值法要求投票者根据自己对 3 名候选人的喜好进行排序，排第 1 的候选人给 3 分，排第 2 的候选人给 2 分，排第 3 的候选人给 1 分。最后统计每个候选人获得的总分，谁的总分高，谁就在选拔中获胜。

由于共有 3 名候选对象，因此存在 6 种可能的排列顺序，最终投票结果如表 5-9 所示。

表 5-9　投票结果

第一选择	第二选择	第三选择	共计票数（张）
A	B	C	1
A	C	B	8
B	A	C	2
B	C	A	5
C	A	B	1

第一选择	第二选择	第三选择	共计票数（张）
C	B	A	6

若以简单多数表决制决出最佳人选，则首选人数最多的候选人 A 赢得此次选举，但用 Borda 序值法进行分数计算：

A = 3×1+3×8+2×2+1×5+2×1+1×6 = 44

B = 2×1+1×7+3×2+3×6+1×4+2×5 = 47

C = 3×1+3×6+2×5+1×2+2×8+1×1 = 50

运用 Borda 序值法，则最终当选的候选人为 C，Borda 序值法的计算过程是对简单多数表决制的有效补充。

（二）Borda 序值法优化风险矩阵

在风险评估实务中，当风险矩阵输出结果之后，就需要确定哪个风险为最关键风险，这样才能精准地将资源分配至最需要解决的风险处。Borda 序值法主要用来给风险排序，或是为了打开风险矩阵中产生的风险结。所谓风险结，是指处于同一等级具有基本相同属性，且还可以继续细分的风险模块，它们聚集在一起，很难分出哪个风险更重要。利用 Borda 序值法可以有效解决风险矩阵中存在风险结，难以判别风险指标之间相对重要性关系的问题，从而确定最关键风险，保证资源的精准投放。1995 年美国空军电子系统中心（ESC）研究人员首次将 Borda 序值法应用于风险矩阵中，将"风险"作为投票和排序的对象，之后运用 Borda 序值法化解风险结，一定程度上对原始风险矩阵风险分级不足的问题进行了优化[1]。Borda 序值法对风险矩阵的优化过程如下[2]：

假设 A 公司利用风险矩阵法对 7 个风险进行评估，输出的评估结果如

---

[1] 黄荣祖. 基于风险矩阵的深圳地铁运营风险评估 [D]. 北京：北京交通大学，2018.

[2] 李素鹏. 风险矩阵在企业风险管理中的应用 [M]. 北京：人民邮电出版社，2013.

表 5-10 所示。

表 5-10 A 公司风险评估结果

风险序号	风险名称	发生可能性等级	后果严重等级	风险等级
1	外部风险	1	5	中
2	内部风险	3	5	高
3	运营风险	4	3	中
4	财务风险	1	4	低
5	市场风险	5	5	高
6	战略风险	2	4	中
7	法律风险	3	2	中

在表 5-10 中，风险指标的总数为 7，其中包括了 2 个高风险、4 个中风险及 1 个低风险。

将上述 7 个风险指标视为候选对象，运用 Borda 序值法对风险评估结果进行优化，过程如下：

$$b_i = \sum_{k=1} (N - R_{ik})$$

式中，N 为风险总数；i 为风险矩阵中第 i 个风险；b_i 为第 i 个风险的 Borda 数；k 指风险准则个数，$k=1$ 表示风险发生可能性准则，$k=2$ 表示后果严重程度准则；R 表示对于第 i 个风险，在某一风险评价准则下，风险集合 N 中比风险 i 更为严重的风险个数。

在本案例中，风险评价准则为风险发生可能性准则和后果严重程度准则，因此 Borda 数的计算公式为：

$$b_i = (N - R_{i1}) + (N - R_{i2})$$

式中，R_{i1} 表示在风险发生可能性准则下，比第 i 个风险发生可能性更高的风险个数；R_{i2} 表示在风险后果严重程度准则下，比第 i 个风险后果更为严重的风险个数。

结合 A 公司的风险评估结果，A 公司共有 7 个风险，因此，$N=7$，则 7 个风险的 Borda 数计算方式如下：

风险 1：风险发生可能性评分为 1，在 7 个风险中，风险发生概率大于风险 1 的风险数量为 5，因此 $R_{11}=5$；风险后果严重程度评分为 5，在 7 个风险中，没有风险后果严重程度大于风险 1 的风险，因此 $R_{12}=0$。因此，当 $i=1$ 时，可得：

$$b_i = (7-5) + (7-0) = 9$$

同理可得其他风险 Borda 数，整理如表 5-11 所示。

表 5-11　各风险 Borda 数

风险序号	1	2	3	4	5	6	7
Borda 数	9	12	8	6	14	7	6

根据表 5-11 中各个风险的 Borda 数，可以计算各个风险的 Borda 序数。首先将各风险指标按 Borda 数大小进行降序排列，如表 5-12 所示。

表 5-12　各风险 Borda 数排序

风险序号	5	2	1	3	6	7	4
Borda 数	14	12	9	8	7	6	6

Borda 序数的定义为：在风险总数 N 中，Borda 数数值大于该风险 Borda 数的风险个数。即：

$$B_i = b_j - b_i \, (1 \leq j \leq N, \ j \neq i)$$

当 $B_i \geq 1$ 时，符合条件的 j 的个数即为第 i 个风险的 Borda 序数值。因此，以风险 1 为例：

当 $i=1$ 时：$b_i=9$

当 $j=2$ 时：$B_i = b_2 - 9 = 3$

当 $j=3$ 时：$B_i = b_3 - 9 = -1$

当 $j=4$ 时：$B_i = b_4 - 9 = -3$

当 $j=5$ 时：$B_i = b_5 - 9 = 5$

当 $j=6$ 时：$B_i = b_6 - 9 = -2$

当 $j=7$ 时：$B_i = b_7 - 9 = -3$

根据上述计算结果，当 $j=2$，5 时满足 $B_i \geq 1$，符合条件的 j 数量为 2，因此风险 1 的 Borda 序数为 2。同理可得其他风险的 Borda 序数，结果整理如表 5-13 所示。

表 5-13　各风险 Borda 序数

风险序号	1	2	3	4	5	6	7
Borda 序数	2	1	3	5	0	4	5

因此，根据表 5-13 可得，A 公司 7 类风险按风险重要性从高到低排列为：市场风险、内部风险、外部风险、运营风险、战略风险、法律风险、财务风险。其中，市场风险为 A 公司该阶段最关键风险。最终 A 公司的风险评估结果如表 5-14 所示。

表 5-14　A 公司风险评估分析

风险序号	风险名称	发生可能性等级	后果严重等级	风险等级	Borda 序数值
1	外部风险	1	5	中	2
2	内部风险	3	5	高	1
3	运营风险	4	3	中	3
4	财务风险	1	4	低	5
5	市场风险	5	5	高	0
6	战略风险	2	4	中	4
7	法律风险	3	2	中	5

根据表5-14可以发现，运用Borda序值法成功将3类风险细化为具有重要性高低排序的7个风险，显然在风险矩阵的基础上，对风险评估结果进行了优化。可以发现，Borda序值法可以减少风险矩阵中的风险结，但不能消除所有的风险结，一旦两种风险具有相同等级的Borda序值或相同的风险评价等级时仍然会形成风险结，使用Borda序值法可以识别出在同一风险等级下不同风险指标的优先级。因此，一定程度上优化了风险矩阵对风险指标的评价结果。

（三）Borda序值法优化电力数据合规风险矩阵

传统Borda序值法在风险评估实务中，依据风险评价准则设置与等级相对应的分数，计算风险所对应的Borda数，从而进行风险重要性排序。但经研究发现，不同的评价准则计分规则下最终的结果也可能不同。因此，在电力数据合规风险评估研究中，结合电力数据合规评估体系，对传统Borda序值法的应用进行了一定的优化。电力数据合规风险评估体系中，通过计算后果严重程度专家综合评分及风险发生可能性专家综合评分，并划定相对应的等级区间，确定风险发生可能性等级以及后果严重程度等级。因此，在运用Borda序值法对风险进行重要性排序时，设 R_{i1} 表示在风险发生可能性准则下，比第 i 个风险发生可能性专家综合评分更高的风险个数；R_{i2} 表示在风险后果严重程度准则下，比第 i 个风险后果严重程度专家综合评分更高的风险个数。通过代入风险评价准则下的专家综合评分进行计算，代替设置风险评价等级及对应分值进行计算，可以尽可能地降低计分规则的设置对最终结果的影响，使Borda序值法的排序结果更加客观地反映不同风险在专家心目中的位置和分量。

在确定电力数据合规风险清单后，将各个风险指标的风险发生可能性和后果严重程度大小输入风险矩阵中，可以输出不同风险指标所属的风险重要性程度，即风险等级。由于本书所构建的风险矩阵中只设置了3个直观的风险等级（高、中、低），而二级风险指标共114个，不可避免地会出现一些风险结。因此，使用 Borda 序值法消除一部分风险结，从诸多风险指标中分离出最关键的风险。Borda 序值法计算方法如下：

设 N 为风险指标集，集合中有 i 个风险指标，k 为风险评价准则，R_{ik} 为在风险评价准则 k 下比第 i 个风险指标专家综合评分更高的指标个数。在本书所构建的风险矩阵中，风险指标总数为 114，风险评价准则为风险发生可能性及风险后果严重程度。因此，用 $k=1$ 表示风险发生可能性，用 $k=2$ 表示后果严重程度，$N=114$。则风险 i 的 Borda 数为：

$$b_i = \sum_{k=1}^{2} (114 - R_{ik})$$

得到全部风险指标 i 的 Borda 数后，根据 Borda 数的大小对风险指标进行降序排列，并计算各指标的 Borda 序数，计算公式如下：

$$B_i = b_j - b_i \, (1 \leqslant j \leqslant 114, \, j \neq i)$$

筛选出当 $B_i \geqslant 1$ 时，符合条件的 j 的个数，按表 5-15 格式进行整理。

表 5-15　各指标 Borda 序数

风险序号	1	2	3	4	5	…	i
Borda 序数							

得到各指标 Borda 序数后，将各个风险所对应的 Borda 数和 Borda 序数与电力数据合规风险矩阵输出结果相结合，形成电力数据合规风险评估分析（见表 5-16）。

表 5-16　电力数据合规风险评估分析

风险指标	$\overline{l_n}$	等级	$\overline{c_n}$	等级	R_n	风险等级	Borad 数 b_i	Borda 序数
1								
2								
3								

续表

风险指标	$\overline{l_n}$	等级	$\overline{c_n}$	等级	R_n	风险等级	Borad 数 b_i	Borda 序数
...								
i								

根据分析表中各项数据，可以直观地判断出电力数据合规管理中的最关键风险，以及各个风险直接的相对重要性关系，使企业能够有的放矢，抓住关键问题，解决首要风险，靶向制定风险防控措施，进一步提高资源的利用效率，优先安排实施各项防范措施应对高风险，补充制定各项防控措施控制中风险，定期监测与评审低风险。

五、用权值法计算整体风险

当企业需要评估公司整体风险水平时，可通过计算公司风险总值，评估公司整体当前风险等级。在计算风险总值时，通常是基于无量纲定量分析法先获得各风险因素的风险值，之后再运用权值法求得风险总值[①]。风险矩阵法常用于识别、确定单因素风险值和风险等级，从而根据具体风险点所属的风险等级制定针对性的风险评估方案。因此，在电力企业数据合规风险评估体系中，可先运用风险矩阵法求得各风险指标的风险重要性评分 R_n，再选用合适的分析方法为各个指标赋权，最终得出电力企业风险总值。

（一）分析方法的选择

目前，用于确定指标权重的方法主要分为三类，分别是主观赋权法、客观赋权法和组合赋权法[②]。主观赋权法是研究较早、较为成熟的方法，数据来源主要是由专家根据在相关领域的经验和研究成果主观判断得出，在需要根据决策者意图确定指标权重时比客观赋权法具有更大的优势，它能够有效

---

① 李素鹏. 风险矩阵在企业风险管理中的应用 [M]. 北京：人民邮电出版社，2013.
② 张艳. 基于综合权值法与模糊综合模型的矿山地质环境评价研究 [D]. 北京：中国地质大学（北京），2017.

地反映决策者对各项指标的认知与判断，使专家能够根据实际需要进行决策，结合自身的经验与学识合理地对各项指标进行排序，在理想情况下，不易出现指标属性权重与实际中指标的重要性程度差距较大甚至相悖的情况。但主观赋权法的局限性在于，由于决策以及评价结果容易有较强的主观随意性等，需要专家或决策者能够对各个指标做出准确、中肯的判断。同时，对于较为复杂或影响因素较多的评价体系，主观赋权法的计算量较大，会对决策者的分析工作带来更大的负担，因此，在实际运用中有一定的局限性，通常将主观赋权法应用于数据收集较为困难，也难以量化指标的评价。

基于主观赋权法的各种局限性，客观赋权法应运而生。与主观赋权法不同，客观赋权法的数据来源于各个指标在系统内的实际数据，通过数理统计的方法将所收集的指标数据经过分析处理后得出指标权值。客观赋权法得出的分析结果具有较强的客观性、科学性和规范性，但难以反映参与决策者对不同指标的重视程度，并且极容易受到样本数据的影响，不同的样本数据即使使用同一分析方法也可能产生不同的权值。同时，可能会出现部分指标的权值与实际中指标在体系内的重要性程度相反的情况。

由于主观赋权法与客观赋权法各有其优劣，因此衍生出将主观赋权法与客观赋权法相结合的组合赋权法，力求实现既兼顾决策者对指标属性的评价偏好，又尽可能地避免决策过程的主观随意性，使整体评价过程具有较好的科学性和规范性。

（二）组合赋权法计算风险总值

本小节以层次分析法及熵权法为例，演示电力企业数据合规风险总值计算过程，步骤如下：

1. 运用层次分析法进行主观赋权

层次分析法通过分析问题的总目标，将问题分解为多个因素，根据各因素主导关系构建层次结构模型。最后将不同的决策方案进行两两比较，以确定其相对重要性。层次分析法可以进一步简化复杂的问题，因此，广泛运用于各类研究和实际应用当中①。

首先，依据电力数据合规风险评估清单建立层次分析法结构模型（见图5-3）。

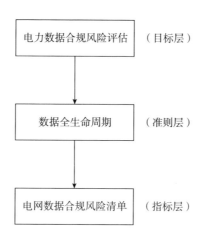

图5-3 层次分析法结构模型

根据结构模型制作调查问卷，并邀请相关专家填写。调查内容主要为专家对两两指标间相对重要性的判断意见，依据两两指标间的相对重要性大小按1~9评分标度进行打分，两两指标间的标度成对出现，且互为倒数。问卷数据回收完毕后，根据问卷数据构建判断矩阵$A=A_{ij}$（见表5-17）。

表5-17 判断矩阵范例

判断矩阵 A	指标 1	指标 2	指标 3	……	指标 n
指标 1					
指标 2					
指标 3					

---

① 罗洋. 基于 AHP-熵权法的综合能源系统多指标评价研究［D］. 北京：华北电力大学，2021.

判断矩阵 A	指标 1	指标 2	指标 3	……	指标 n
……					
指标 n					

$$A = \begin{bmatrix} A_{11} & \cdots & A_{1j} \\ \vdots & \ddots & \vdots \\ A_{i1} & \cdots & A_{ij} \end{bmatrix}$$

之后采用几何平均法对各指标权重进行计算：

（1）将各元素按照行进行相乘，从而得出一个新的向量 M。

行乘积 $M_i = \prod\limits_{j=1}^{n} C_{ij}$

（2）将所得向量中各个分量进行开方，得到指标权重向量 W（$i = 1$，2，…，n）。判断矩阵为几阶矩阵就需要开几次方根。

$$\overline{W_i} = \sqrt[n]{M_i}$$

（3）对向量 W 进行归一化，得出各指标权重值 W_i。

$$W_i = \frac{\overline{W_i}}{\sum\limits_{i=1}^{n} \overline{W_i}}$$

（4）求出最大特征根 λ_{max}。

$$AW = \begin{bmatrix} A_{11} & \cdots & A_{1j} \\ \vdots & \ddots & \vdots \\ A_{i1} & \cdots & A_{ij} \end{bmatrix} \times \begin{bmatrix} W_1 \\ \vdots \\ W_i \end{bmatrix}$$

$$\lambda_{max} = \sum\limits_{i=1}^{n} \frac{(AW)_i}{nW_i}$$

（5）将最大特征根 λ_{max} 代入公式，计算一致性评价指标 CI 以及一致性比率 CR。当需要评价的指标过多时，很可能出现两两指标的比较出现矛盾或者不一致的情况，因此，需要对判断矩阵得出的权重进行一致性检验。CI 越小，则一致性比率 CR 越小，判断矩阵一致性比率越好。当 CR 小于 0.1 时，表明主观判断的一致性程度较高，判断矩阵通过一致性检验。

$CI = (\lambda_{max} - n) / (n-1)$

$CR = CI/RI$

RI 为平均随机一致性指标，RI 的值参考表 5-18。

表 5-18　*RI* 值

n	1	2	3	4	5	6	7	8	9
RI	0	0	0.52	0.89	1.12	1.26	1.36	1.41	1.46

2. 运用熵权法进行客观赋权

熵权法是一种常见的客观赋权法。按信息论基本原理的解释，熵是系统无序程度的一个度量，可以用于判断某个指标的离散程度。对于某个指标而言，其熵值越小，则指标的离散程度就越大，在指标评价体系中的权重就越大。[1]

在运用熵值法确定指标权重前，需要确定指标的性质，以保证评分与样本状态的一致性，因此，在进行计算前需要注意以下几点：

（1）若数据有量纲，则需要进行无量纲化处理。在进行无量纲化处理时可以采取极值法。若指标为正向指标，则使用公式 $x'_{ij} = \dfrac{x - x_{min}}{x_{max} - x_{min}}$ 进行转换；若指标为负向指标，则使用公式 $x'_{ij} = \dfrac{x_{max} - x}{x_{max} - x_{min}}$ 进行转换。

（2）熵值法的计算过程中要求数据不能存在 0 或负数。当数据存在 0 或负数时，可以使用平移法 $r'_{ij} = x'_{ij} + \varepsilon$ 调整数据。为了保证原数据的内在规律

---

① 李治东，熊焰，方曦. 基于熵权层次分析法的核心专利识别应用研究 [J]. 情报学报，2016，35（10）：1101-1109.

不受到破坏，对 ε 的取值通常越小越好。

在电力数据合规评价指标体系中，指标对应的标度越大，则风险越大，对整体系统造成的影响就越大，电力数据合规评估指标体系中的各项指标均为正向指标，且各项指标均为定性指标，因此，无需对指标进行无量纲化处理。熵权法步骤如下：

（1）对原始数据矩阵 $A = A_{ij}$ 进行归一化处理后得到矩阵 $P = (p_{ij})\ m \times n$。

$$p_{ij} = \frac{A_{ij}}{\sum\limits_{i=1}^{m} A_{ij}}, \ (i = 1,\ 2,\ \cdots,\ n;\ j = 1,\ 2,\ \cdots,\ m)$$

（2）计算第 j 项指标的熵值为：

$$e_j = -\frac{1}{\ln n} \sum\nolimits_{j=1}^{n} p_{ij} \ln p_{ij} (j = 1,\ 2,\ \cdots,\ m)$$

其中 $0 \geqslant e_j \geqslant 1$。

（3）通过熵值得出差异性系数 g_i，从而得出各指标权重 U_i。

$$g_j = 1 - e_j$$

$$U_i = \frac{g_j}{\sum\limits_{j=1}^{m} e_j}$$

3. 运用组合权重计算风险总值

通过运用层次分析法得出的权值基于专家的主观意见和个人经验，但客观性不足，计算结果易带有一定的主观随意性。而熵值法的计算过程则更注重数据信息本身的质量，但难以反映决策者对各个指标的重视和偏好程度。因此，为了将主观赋权法和客观赋权法的优势互补，得到更加客观、更加符合实际的评估体系，将层次分析法与熵值法的评价结果结合形成综合权重。综合权重的计算理论上应尽可能接近层次分析法和熵值法的计算结果。根据赖莉飞[①]等学者对综合权重的计算方式，用以下公式对电力数据合规风险评

---

① 赖莉飞. 基于层次分析法-熵权法的一流科技期刊编辑职业素质评价指标体系研究 [J]. 中国科技期刊研究，2022, 33 (8)：1104-1111.

估指标综合权重进行计算。

$$Q_i = \frac{(W_i U_i)}{\sum_{i=1}^{n} W_i U_i}$$

在得出各指标综合权重 Q_i 之后，结合风险矩阵法中对各指标的风险重要性评分 R_n 可得出企业风险总值：

$$B = \sum_{i=1}^{a} \sum_{n=1}^{b} Q_i R_n, \quad (i = 1, 2, \cdots, a; \ n = 1, 2, \cdots, b)$$

根据风险总值 B 可以直观地了解到当前电力企业整体的数据合规风险大小，便于企业针对公司现状做出统筹规划。由于整个风险评估体系较为复杂且环环相扣，涉及的数据量和计算量较大，因此，建议企业可通过搭建信息化平台规范数据管理，简化数据收集方式，通过平台实现评估，在进一步提高评估速度和精度的同时，也能避免人工计算带来不必要的错误。

第六章　电力企业数据合规管理框架

本书在全面分析电力企业面临的数据合规政策和法规要求的基础上，充分借鉴国内外数据保护执法案例和优秀企业实践经验，结合电力企业数据合规管理实际，形成电力企业数据合规管理体系框架（见图6-1）。

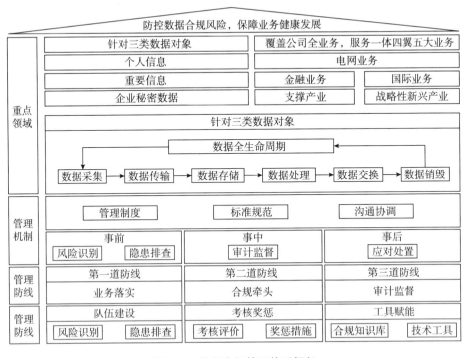

图 6-1　数据合规管理体系框架

第一节 数据合规管理重点领域

电力企业数据合规管理重点领域围绕三类数据对象，聚焦五大业务板块，覆盖数据全生命周期六个关键环节。

一、数据对象

数据合规对象以个人信息、重要数据、企业秘密三类数据为主，涉及国家秘密、知识产权等其他数据的相关保护遵守国家和公司的相关要求。

（一）个人信息

个人信息处理者需严格遵守《民法典》《网络安全法》《数据安全法》《个人信息保护法》等法律法规，遵循合法、正当、必要的原则，严格按照协议授权范围开展个人信息处理活动。

（二）重要数据

严格遵守《数据安全法》等法律法规，明确责任主体，确定重要数据目录，开展重要数据保护。数据处理者需确保关键信息基础设施的运营中收集和产生的重要数据在境内存储，并按要求开展安全检查评估、保障评价和安全控制。

（三）企业秘密数据

数据处理者严格遵守《反不正当竞争法》等法律法规，依据数据涉密等级开展数据分类管理，履行涉密审查流程，确定知悉范围。涉及他人商业秘密的，严格履行法律法规以及合同有关保守商业秘密的规定，在使用前应做好采集授权等前置工作，切实防范商业秘密泄露与侵权风险。

二、业务板块

（一）电力业务

重点针对客户信息、上下游企业数据、关键信息、基础设施收集和产生的重要数据，开展合规管理，防范信息泄露、破坏、违规使用信息等导致的合规风险。

（二）金融业务

针对金融行业的监管和合规要求，加强金融客户数据采集、金融数据传输和应用分析、投资信息披露等重点环节，以及主业数据合作等数据应用场景的合规管控。

（三）国际业务

根据业务所需跟踪境外数据合规相关法律政策和监管要求，分析跨境信息系统业务数据传输的必要性、合规性和管控要点，协同境外资产公司保障跨境数据传输遵守业务所在地的合规要求。

（四）支撑产业

重点针对科技研发、试验检测、高端设备、信息通信等支撑业务的数据活动，加强关键信息基础设施运营中收集和产生的重要数据的合规管控；同时，协助主业做好数据合规管控。

（五）战略性新兴产业

根据战略性新兴产业全局性、长远性、导向性和动态性的特点，加强新兴产业数据合规管理的敏捷性、前瞻性和系统性，特别是加强数据合规风险的预判和预警。

三、数据全生命周期

根据国标《信息安全技术 数据安全能力成熟度模型》（GB/T 37988-2019）定义，数据全生命周期包括采集、传输、存储、处理、使用和销毁六大环节。其中，数据采集环节安全包括数据分级分类、数据采集安全管理、数据源鉴别及记录；数据传输环节安全包括数据传输加密及网络可用性管理；数据存储环节安全包括存储媒体安全、逻辑存储安全、数据备份和恢复；数据处理环节安全包括数据脱敏、数据分析安全、数据正当使用、数据处理环境安全、数据导入导出安全；数据使用（交互）环节安全包括数据共享安全、数据发布安全、数据接口安全；数据销毁环节安全包括数据销毁处置、存储媒体销毁处置。

（一）数据采集合规管理

数据采集的基本原则是合法性、正当性，其中既包括了收集目的的合法性、正当性，也包括了收集方式的合法性与正当性。因此，数据采集合规的核心在于采集行为是否取得数据主体的授权同意，以及数据采集行为的目的、方式、范围等要素是否与相关法律、行政法规的要求相吻合。数据采集环节安全包括数据分级分类、数据采集安全管理、数据源鉴别及记录等关键环节，根据数据采集对象的不同，进一步划分数据采集合规管理要点。

（1）数据采集活动需明确数据采集范围、内容、渠道，并制定合理有效的数据安全管理策略和技术保障措施，规范数据采集行为。以数据交换方式采集数据的，应对数据来源进行严格审查，并按照公司相关要求签订合同、协议，明确数据用途，确保双方权责一致，落实数据合规义务和责任。

（2）个人信息采集活动应当明示采集的目的、范围和方式等信息，不得超出实现处理目的的最小范围，并获取个人信息主体同意授权，或符合法律法规规定的其他情形。个人信息采集应当采取合法、正当的采集方式，不得以欺诈、诱骗、误导的方式收集个人信息，不得隐瞒产品或服务所收集个人信息的用途。个人信息处理者应当尊重和保障个人信息主体的隐私权利。

（3）采集公共重要数据和外部企业秘密数据，应在保障数据来源合法的前提下，取得数据主体同意后，方可具体实施。

（二）数据传输合规管理

数据传输环节是数据采集之后的处理方式。不同于数据的处理、使用和销毁，数据传输是在不改变数据形态和控制状态下的处理方式。针对数据传输环节，《网络安全法》《数据安全法》均未作出明确的规定，但《个人信息保护法》针对数据传输有较为明确的安全要求，规定数据处理者应当通过个人信息分类管理、加密与去标识化等安全措施，个人信息的操作权限等，防止未经授权的访问以及个人信息泄露、篡改、丢失。基于此，数据传输环节安全可概括为数据传输加密及网络可用性管理，根据数据传输对象的不同进一步划分数据传输合规管理要点：

（1）为防范数据泄露、篡改、损毁、丢失风险，数据传输应当根据数据分类分级和传输渠道，实施相应的安全管控策略和安全技术手段，确保数据传输符合相应安全条件或技术标准。数据传输过程应避免手工或离线操作，做好工作记录和传输日志归档，确保敏感数据可溯源、可追踪、可审计。

（2）数据传输应符合安全防护方案要求，按规定开展网络安全等级保护测评，采取加密、安全通道等技术手段和其他必要措施，确保数据传输安全。

（3）在境内收集、产生的公共重要数据和个人信息涉及跨境传输时，应按照国家网信部门会同国务院有关部门制定的办法进行安全评估，严格执行报批审核、安全认证等工作。

（三）数据存储合规管理

数据存储与数据传输有其相似之处，均是在不改变数据形态和控制状态下的处理方式。数据存储的要求可概括为存储媒体安全、逻辑存储安全、备份和恢复：存储媒体安全是对于存储载体的安全要求；逻辑存储安全则更多聚焦于存储数据所使用的工具和规则安全；备份和恢复则是应对存储风险的方式手段。

（1）根据数据分类分级、存储位置实施相应的数据存储策略，落实隔离、加密、脱敏、备份等数据存储保护技术措施，防范数据泄露、篡改、损坏和丢失。严禁在互联网等公共信息网络存储个人信息、公共重要数据、商业秘密数据。

（2）公共重要数据、商业秘密数据应加密存储于管理信息大区，严禁在互联网大区存储；商业秘密数据按需脱密、脱敏后，可存储于互联网大区；内部事项信息应存储于管理信息大区，需临时存储于互联网大区的，应遵循最小化原则；个人信息应存储于管理信息大区，禁止在互联网大区长期存储。临时存储于互联网大区的个人信息应遵循最小化原则。存储敏感个人信息时，应采取加密等安全措施。存储个人基因、指纹等个人生物识别信息时，仅存储不可逆的摘要信息，并与身份证、居住证等敏感个人信息分开存储。

（3）在我国境内运营中收集和产生的个人信息和公共重要数据，应当存储于境内。

（4）按照数据分类分级管理要求，加强数据访问权限管理，合理配置管理员权限，强化数据存储权限监管与审计。

（四）数据处理合规管理

数据处理的基本原则为合法性与合约性。依法使用数据，是数据处理的基本原则之一。数据处理的合法性原则在《数据安全法》《汽车数据安全管理若干规定（试行）》等规定中均有体现。合约性指数据应当按照约定开展应用活动，主要有两个方面的含义：针对第三方授权使用的个人信息以外的数据，应当按照相关数据授权使用协议或其他协议开展数据应用活动；针对个人信息，应当严格遵循个人信息使用保护政策开展应用活动。同时，数据处理活动多以信息技术手段为载体，数据处理手段的合规性同样是该阶段合规性审查的重中之重。因此，数据处理合规既需要重视法律层面的合规，也需要注重技术层面的合规。综合来看，数据处理环节安全包括数据脱敏、数据分析安全、数据正当使用、数据处理环境安全、数据导入导出安全。

（1）根据数据分类分级情况，针对各类数据应用活动，制定差异化的数据合规管控方案。在满足基本业务需求的同时，对个人信息、公共重要数据、企业秘密数据采取标识脱敏、添加数字水印等措施，确保数据泄露行为可追溯。

（2）数据应用活动涉及商业秘密、重要内部事项、个人信息等负面清单数据时，应严格履行数据处理审批流程，遵循使用范围规定，保证数据应用安全；涉及他人商业秘密时，使用前应做好授权协议等证据的收集，严格履行合同中有关保守商业秘密的约定，切实防范商业秘密泄露与侵权风险；涉及个人信息时，不应超出与收集个人信息时所声明的目的具有直接或合理关联的范围。使用敏感个人信息时，应取得个人单独同意，并采用去标识化、脱敏等手段加以保护，满足个人隐私保护要求，防范个人信息泄露风险。

（3）开展数据应用活动应保障个人、组织合法权益，不得排除、限制竞争。实施自动化决策应保障用户知情权、决策权，不得实行不合理的差别待遇。

（五）数据使用合规管理

数据使用（交互）环节安全主要包括数据共享安全、数据发布安全、数据接口安全。在这当中最关键的要数数据共享安全。数据共享安全包含数据内部共享安全和数据对外开放两个方面。

（1）执行差异化的数据对外开放策略，区分需求主体、需求内容以及数据用途，制定并持续完善差异化的数据对外开放策略和流程，确保安全合规。

（2）对外提供个人信息、公共重要数据、企业秘密数据时，应严格履行数据申请审批手续，并与对方签订保密协议，限定数据使用目的、范围和方式，明确协议期限以及违约责任等，并采取数字水印等反泄露措施。除公安机关、国家安全机关依法调取数据以及客户查阅本人信息外，原则上不得对外提供公司明细业务数据。

（3）企业应当建立数据共享清单，并根据数据分类分级情况，针对不同场景制定数据内部共享策略和规范化流程，数据内部共享应当确保全流程可追溯、可复查。

（六）数据销毁合规管理

数据销毁是所有数据的最终归宿，任何阶段或过程中的数据随时都可进入数据销毁阶段。销毁的最终目标是保证数据不再以任何形式可用、防止因数据恢复而造成的数据泄露风险。《信息安全技术 数据安全能力成熟度模型》（GB/T 37988-2019）将数据安全销毁进一步细分为数据销毁处置及介质销毁处置两大过程域。由此来看，数据销毁环节安全包括数据销毁处置、存储媒体销毁处置两大方面。

（1）根据数据分类分级制定差异化的数据销毁策略，建立数据销毁流程和审批机制，明确数据销毁的场景、对象、方式和范围。

（2）规范各类介质载体的数据擦除与销毁方法，进行全过程记录和监督，实现对数据的有效销毁，防范数据泄露风险。数据使用方超出数据使用期限，或使用负面清单数据完毕，应及时销毁相关数据；委托第三方开展数据处理活动时，应在协议中约定数据处理完成后的销毁要求；收到个人信息主体的注销、销毁等请求时，及时删除、销毁个人信息或做匿名化处理，法律、行政法规另有规定的除外。

第二节　数据合规管控机制

开展数据合规制度标准建设，建立协同工作机制，强化事前预防、事中监督、事后处置的全过程管控，确保数据在各层级、各单位之间合规流动。

一、机制建设

一是建立数据合规管理体制机制。企业通过建立健全数据合规管理制度体系，编制完善覆盖数据全生命周期的合规管理制度，规范风险识别、隐患排查、审查监督、应对处置等合规工作内容，将合规管理要求嵌入公司数据活动。二是建立数据合规义务清单。企业需梳理现有数据合规相关法律法规、行业标准和企业规章，研究构建数据合规标准体系，建立数据全生命周期合规义务清单。三是建立通畅的沟通协调机制。企业搭建跨专业、跨层级的合作和信息交流机制或平台，以此实现数据合规管理与数据管理活动的有机融合，及时解决业务创新中遇到的难点、热点问题。针对发生的重大、特大违规事件，及时向合规管理部门和其他有关部门报告沟通，根据相关监管要求及时改进完善。

二、管理活动

一是开展数据合规风险识别工作。企业对照法律法规、规章制度、行业标准等要求，以数据全生命周期理论为基础，以业务场景为区分，全面梳理数据合规风险指标，构建公司数据合规风险库；并参照风险指标对当前面临的及潜在的数据合规风险进行研判，分析风险特征、可能性及影响程度，确定合规风险等级。针对具有趋势性、典型性、普遍性的数据合规风险，及时发布数据合规预警。二是进行隐患排查。基于数据合规风险指标及数据合规风险库，全面开展数据合规隐患排查，排查内容包括合规要求落实情况、安全措施落实情况、违规事件处置情况等。同时针对数据合规重点领域开展重点领域专项治理活动，督促违规整改，避免发生重大数据合规事件；定期评估企业数据活动合规风险，形成数据合规风险评估报告，并根据评估报告提出改进建议。三是加强审查监督。开展数据合规审查，强化信息系统建设，加强对数据全生命周期的合规管控，总结审查要点并更新完善。加强对涉及数据活动重点环节的合规审核。合规管理部门对数据活动进行监督，提出改进建议或要求，不定期开展数据活动合规性专项审查工作，提出合规问题并督促问题整改。四是建立应对处置机制。建立健全数据合规突发事件应急预案和违规事件报告制度，明确违规事件上报机制、合规处置流程和时限要求，及时采取应对措施，最大限度化解风险、降低损失。大力推进数据合规与审计、巡察、法律等工作的协同，加强内部合规管理。配合开展外部数据合规调查，做好问询回复、迎检等工作。

三、数据合规管理主体

企业需明晰相关部门合规责任，建立主体明确、职责清晰、层次分明的协同工作机制，构筑企业数据合规管理三道防线，确保数据合规管理体系有效运行。

一是加强业务落实。各业务部门是本业务领域数据合规主管部门，承担企业数据合规管理第一道防线职责。二是落实合规审核。企业数据合规归口管理部门承担公司数据合规管理第二道防线职责；企业合规管理部门指导、协助数据合规归口部门做好数据合规管理工作。三是加强审计监督。审计等相关职能部门是企业合规管理监督部门，承担企业数据合规管理第三道防线职责。合规管理监督部门负责在各自职责范围内开展数据合规管理监督工作。

四、数据合规管理保障机制

企业应当建立起数据合规管理保障机制，从队伍建设、考核奖惩、工具赋能三个方面采取合规管理措施，为公司数据合规管理体系建设提供有力支撑，保障数据合规管理流程有序推进，达成数据合规管理最终目标。

（一）队伍建设

一是构建专业合规管理团队。构建专业化、高素质的合规管理队伍，根据业务规模、合规风险水平等因素配备合规管理人员，整合内外部资源，加强交流合作，根据实际业务需要培养专项合规人才，提升队伍业务能力水平，为企业数据合规管理工作奠定人才基础。二是加强合规文化建设。设计形式丰富、内容全面的数据合规管理课程，在企业内部进行专项培训，并将课程纳入企业员工教培体系。针对不同层级、不同岗位的特点组织相关法律法规、制度办法以及高发风险预防应对措施的学习培训。重点人员数据合规培训全覆盖，突出重要法律法规和数据合规重大案例培训，提升培训实效。在企业内部通过制定发放合规手册、签订合规承诺书等方式，强化全员合规意识。

（二）考核奖惩

一是完善考核评价。制定完善涵盖管控机制建设、管理活动开展、保障机制建设、风险评估机制的评价指标和评价标准，开展数据合规管理考核评价。提炼合规管理最佳实践，持续完善数据合规管理体系。二是落实奖惩措施。一方面，对数据合规管理工作中表现突出、业绩优秀的集体和个人予以表彰；另一方面，通畅投诉、举报通道，溯本求源，对发生重大数据违规事件的部门或单位进行严肃处理。

（三）工具赋能

一是开发技术工具。开展合规管理数字化建设，利用技术措施固化管理要求、规范管理流程、提高管理效率。运用人工智能、大数据处理等技术，开发合规审计工具和组件，加强对数据管理合规情况的实时在线监控和风险分析。二是构建数据合规知识库。收集整理数据保护法律法规、监管政策、技术标准、案例等，构建数据合规知识库，并在公司系统范围内共享使用。及时研究分析最新数据合规要求，建立知识库动态更新机制，保障知识库的有效性、完整性。

参考文献

［1］曹骞，陈宏观，顾晓霞，杨浩波，臧雯雯．风险管理标准在环境监测站的应用［J］．环境监测管理与技术，2015，27（2）：1-4.

［2］冯朝胜，袁丁．云数据安全存储技术［J］．计算机学报，2015，（1）：150-163.

［3］高富平．个人数据保护和利用国际规则：源流与趋势［M］．北京：法律出版社，2016.

［4］顾振山．风险矩阵在国际电信设备 NX 公司风险管理中的应用研究［D］．苏州大学，2014.

［5］黄荣祖．基于风险矩阵的深圳地铁运营风险评估［D］．北京交通大学，2018.

［6］林浩屹．基于"成本-收益"理论的电信网络诈骗防控研究［J］．福建警察学院学报，2021，（5）：67-74.

［7］梁修茂．国铁信号系统联锁设备工程试验风险分析研究［D］．中国铁道科学研究院，2022.

［8］刘云．欧洲个人信息保护法的发展历程及其改革创新［J］．暨南学报，2017，39（2）：72-84.

［9］李素鹏，叶一珺，李昕原著．企业合规管理实务手册［M］．北

京：人民邮电出版社，2022，（7）：5-6.

［10］李素鹏．ISO 风险标准管理全解［M］．北京：人民邮电出版社，2012：167.

［11］李素鹏．风险矩阵在企业风险管理中的应用［M］．北京：人民邮电出版社，2013：98-105.

［12］罗洋．基于 AHP-熵权法的综合能源系统多指标评价研究［D］．华北电力大学，2021.

［13］李治东，熊焰，方曦．基于熵权层次分析法的核心专利识别应用研究［J］．情报学报，2016，35（10）：1101-1109.

［14］赖莉飞．基于层次分析法-熵权法的一流科技期刊编辑职业素质评价指标体系研究［J］．中国科技期刊研究，2022，33（8）：1104-1111.

［15］马晓亭．基于大数据生命周期理论的读者隐私风险管理与保护框架构建［J］．图书馆，2016，（12）：62-66.

［16］孟洁．数据合规入门、实战与进阶［M］．机械工业出版社，2022：30-31.

［17］彭超，靳黎忠，李中文，邢帅，张华龙．面向数据全生命周期的数据安全风险分析［J］．数字通信世界．2022，（2）：99-101.

［18］庞庆堃，兰洋，程艳．强化风险管理 推进保密资格审查认定工作［J］．保密工作，2021（8）：55-57.

［19］庆海涛，陈媛媛等．智库专家胜任力模型构建［J］．图书馆论坛，2016，（5）：34-39.

［20］庆海涛，李刚．智库专家评价指标体系研究［J］．图书馆论坛，2017，（10）：22-28.

［21］唐文姝．"互联网+共享养老"服务模块内容指标体系的构建研究［D］．南昌大学，2022.

［22］吴沅微，颜祥林．数字档案馆项目风险管理的理论及作用分析

［J］. 档案与建设，2015，（4）：17-19+16.

［23］吴卫明. 数据合规法律实务［M］. 北京：法律出版社，2022：26-27.

［24］王晓娟. 奥的斯电梯公司供应链风险识别与评估研究［D］. 石河子大学，2020.

［25］叶继元. 人文社会科学评价体系探讨［J］. 南京大学学报，2010，（1）：97-110.

［26］张旭，周为. 从"风险社会"到"风险刑法"：理论与进路的多重清理［J］. 东北师大学报，2020，（1）：107-114.

［27］朱启超，匡兴华，沈永平. 风险矩阵方法与应用述评［J］. 中国工程科学，2003，（1）：89-94.

［28］张素琴. 基于德尔菲法的航材仓库绩效评估指标体系构建研究［J］. 环境技术，2021，（5）：210-226.

［29］朱光，丰米宁，刘硕. 大数据流动的安全风险识别与应对策略研究——基于信息生命周期的视角［J］. 图书馆学研究，2017，（9）：84-90.

［30］郑霖，李智青，周然，朱乐群，张意. 新形势下海事综合风险管控研究［J］. 交通运输部管理干部学院学报，2021，31（1）：29-31.

［31］张艳. 基于综合权值法与模糊综合模型的矿山地质环境评价研究［D］. 中国地质大学（北京），2017.

［32］全国信息安全标准化技术委员会. GB/T 37988-2019，信息安全技术 数据安全能力成熟度模型［S］. 北京：中国标准出版社，2019.

［33］国际标准化组织. ISO 31000-2009，风险管理 原理和指南［S］. 2009.

［34］国家标准化管理委员会. GB/T 23694-2013，风险管理 术语［S］. 北京：中国标准出版社，2014.

［35］国家标准化管理委员会. GB/T 27921-2011，风险管理 风险评估技

术［S］. 北京：中国标准出版社，2011.

　　［36］国家市场监督管理总局. GB/T 35770-2022，合规管理体系 要求及使用指南［S］. 北京：中国标准出版社，2022.

　　［37］北京德和衡律师事务所. 中国上市公司数据合规案例研究报告（2018-2022）［R］. 北京，2022.

　　［38］DAMA 国际. DAMA 数据管理知识体系指南［M］. 北京：机械工业出版社，2020，5：1.